外国語音声の認知メカニズム
聴覚・視覚・触覚からの信号

開拓社
言語・文化選書
59

外国語音声の認知メカニズム

聴覚・視覚・触覚からの信号

中森誉之 著

開拓社

まえがき

　外国語は，視覚をとおして文字から学び，読解技術を鍛練することが知識への足掛りであると信じられ，分厚い原書に囲まれている姿こそが，教養人の証徴であるがごとく夢見られてきた。外国語学習者は，技巧的な文法問題に記憶のパズルを交差させ，単語テストに体力までも消耗し，試験結果に一喜一憂しながら，異国のことばと向き合ってきた。

　この深く執着した訳読の慣習によって，現代社会の日本人は，臆することなく堂々と憧れた世界に発信し，国の発展にどれほどの人が貢献してきたのであろうか。

　人間は生きていく術のたずきとして，音からことばを紡ぎ出し，古来より音声で文化を伝承し，声明を唱え，歌をうたい，祈りを捧げ，安寧を願い求め続けてきた。

　ことばの根幹を成す音声認知，聞いて話すことが「会話なんて学問足らず，軽々しい」と邪揄され，外国語から「聞く，話す」ことを切り離し，娯楽と趣味の領域へと追いやられてきた。小さな島国で続く尊大な精神風土である。

　しかし，外国語は耳と口から学ぶことによって浸透していき，言語の中に直接自分を存在させ，主体的に行動を喚起することができる。

現代人は多感覚処理に多忙を極め，無表情にスマートフォンの画面を見つめながら指を滑らせ，イヤフォンで音声を聞いている。手のひらサイズの機械が，人間の感覚器官を支配して操っている。この小さな物体から溢れ出る情報は，いったい人間にとって，どのような信号を発しているのであろうか。

　認知科学の分野では，多感覚処理，とりわけ聴覚，視覚，触覚の関係が注目されている。本書の目的は，人間の情報伝達における感覚器官の働きと言語処理，言語獲得との関連性を一望することである。

　前著『外国語はどこに記憶されるのか』では，言語知識と記憶のかかわりから，外国語学習への知見を示したが，本書では，言語処理の中枢に入力（聴覚，視覚，触覚）と出力（調音）するシステムに着目をし，一連の情報処理過程を考察する。その上で，外国語音声学習への指針を提案してみたい。聴覚訓練，発音練習については，科学的，臨床的な根拠を持つ，言語病理学理論に基づいて検討を加えている。

　本書の基礎となっている学術研究は，文部科学省科学研究費補助金の援助を受けたものである。その成果をまとめた研究書は2016年度ひつじ書房より刊行の拙書 *Foreign Language Learning without Vision: Sound Perception, Speech Production, and Braille* であるが，本書では視覚障害者の認知システムや，学習指導への提案は割愛させていただいた。

　キチ，キチ，キチと鋭い声が，時計塔から響いてくる。見上げ

ると，小さな無数のコウモリが，宵闇の中，翼手を広げ，触れ合うことなく忙しそうに飛び回っている。花びら餅のように透けた大きな耳が，かれらの発する信号を受信している。

　人間にとっての聴覚と調音の意味を，感覚運動器官の働きを紐解きながら検証していくこととする。

　2015 年 10 月

中森　誉之

目　　次

まえがき　*v*

第 1 章　音の知覚 ……………………………………………… *1*
はじめに　*2*
1. 音とはなにか　*3*
　1.1. 音の高さ─振動と周波数─　*4*
　1.2. 音の大きさと音色　*5*
2. 音楽の音　*7*
　2.1. 音楽の音の構成要素　*7*
　　2.1.1. メロディ（旋律）　*7*
　　2.1.2. トーン（楽音）　*8*
　　2.1.3. リズム（律動）　*9*
　2.2. 音への反応と生得性　*9*
　　2.2.1. 遺伝子からの音の贈り物　*10*
　　2.2.2. 赤ちゃんと音　*11*
　　2.2.3. 絶対音感　*12*
　2.3. 音と感情　*14*
　2.4. 音楽と言語　*18*
　　2.4.1. リズムと韻律　*19*
　　2.4.2. 症例研究から見た脳機能分化　*20*
　　2.4.3. 赤ちゃんの音楽的言語習得　*21*
　　2.4.4. メロディとリズムの脳内基盤　*22*
　　2.4.5. 音楽と言語の接点　*24*

3. 言語の音　*26*
　3.1.　音声学と音韻論　*27*
　3.2.　聴覚システム　*28*
　　3.2.1.　聴覚器官の特性　*28*
　　3.2.2.　人間の聴覚システムを機械で再現できるのか　*30*
　　3.2.3.　カテゴリー知覚　*31*
　　3.2.4.　個人差を包含する解析器官　*32*
　　3.2.5.　スペクトログラフとスペクトログラム　*33*
　3.3.　聴覚能力の分類　*35*
　3.4.　外国語の聴解　*39*
　　3.4.1.　音素レベルの識別　*39*
　　3.4.2.　音声連続の知覚　*40*
　　3.4.3.　日本語の音節構造モーラの転移　*41*
4. 聴覚システムの柔軟性　*43*
　4.1.　速度や音環境への適応　*43*
　4.2.　ことばと声への接触　*45*
　4.3.　「聞こえる」という感覚　*46*

第2章　音声の表出
　　──調音コントロール──……………………………… *49*

はじめに　*50*
1. 声の機能　*51*
　1.1.　声の生成　*52*
　1.2.　声と個人　*53*
2. 知覚と調音の関係　*55*
　2.1.　ことばを監視する脳内システム　*55*
　2.2.　聞く・話す神経ネットワークの独立性　*56*
　2.3.　自分自身の声を聞くこと　*57*

3. 理解される外国語音声を生み出す　*59*
　3.1. 音声学習の臨界期　*59*
　3.2. 目標とする発音　*62*
4. 調音と音韻の学習　*66*
　4.1. 正確な発音の意味　*66*
　4.2. 音声識別と調音の技術　*67*
　4.3. 聴覚訓練を発音練習よりも先行させる　*69*
　4.4. 自律した音声の獲得　*73*
5. 音韻解読と正しさを導くモニター　*77*
6. 期待される言語表出の研究　*80*

第3章　聴覚，視覚，触覚信号の融合 …………………… *83*

はじめに　*84*
1. 視覚の位置付け　*85*
　1.1. 視覚とはなにか　*85*
　1.2. 視覚の一方向性　*88*
2. 顔の音声情報　*89*
　2.1. 口の動きを見る　*89*
　2.2. 赤ちゃんの視線　*91*
　2.3. 外国人訛りの視覚特性　*93*
3. 間違いのない確実な信号　*94*
　3.1. 多感覚に働きかけるコミュニケーション　*95*
　3.2. 聴覚器官と加齢　*96*
4. 音の情景　*97*
5. 触れることで視る　*99*
　5.1. 触覚とはなにか　*99*
　5.2. 指で読む　*100*
6. 概念と心的表象　*101*

6.1. 概念とはなにか　*102*
6.2. 概念の主要理論　*105*
　6.2.1. 古典理論　*106*
　6.2.2. プロトタイプ理論　*106*
　6.2.3. 理論理論　*107*
　6.2.4. 新古典派理論　*107*
　6.2.5. 原子論　*107*
6.3. 概念の記憶基盤　*108*
　6.3.1. 暗黙知と表象　*109*
　6.3.2. 形式知と表象　*110*
6.4. 概念の投射と入力・出力信号　*111*

第4章　英語音素の記述と学習上の諸課題 ･･････････ *115*

はじめに　*116*
1. 母音　*117*
　1.1. 母音・子音とはなにか　*117*
　1.2. フォルマント　*118*
　1.3. 音素の識別能力獲得に向けた病理学的アプローチ　*119*
　　1.3.1. 聴覚入力アプローチ　*119*
　　1.3.2. 言語学的アプローチ　*120*
　　1.3.3. 感覚運動アプローチ　*121*
　1.4. コンピューターを用いた自主学習　*121*
　1.5. 英語母音の発音　*122*
2. 子音　*128*
　2.1. 英語子音の発音　*129*
　2.2. 学習上の困難性　*129*
　　2.2.1. 摩擦音と破擦音　*130*
　　2.2.2. 接近音　*131*

        2.2.3. 有声音と無声音の混乱　*131*
        2.2.4. 接近音の脱落　*132*
        2.2.5. /s/ の脱落　*133*
    3. 母語同一化音声処理　*135*
        3.1. 音素レベル　*135*
        3.2. 音節レベル　*137*
        3.3. 単語や句・文レベルと呼吸法　*138*
        3.4. 「日本人英語」からの脱却　*139*

第5章　音声習得と外国語学習　*143*

はじめに　*144*
1. 外国語音声学習の原理　*145*
    1.1. 学習の促進　*145*
    1.2. 知覚と表出の学習　*146*
    1.3. 言語間の包含関係　*148*
2. 聴解技能　*149*
    2.1. 聴解のプロセス　*149*
    2.2. 音声素材の音質——録音と再生のための留意点——　*151*
        2.2.1. 入門期から初級段階　*152*
        2.2.2. 中級段階以降　*153*
    2.3. 音声素材の速度　*154*
        2.3.1. 再生速度の上昇（早回し）　*154*
        2.3.2. 低速再生（スロー再生）　*155*
3. コミュニケーションと聴解・発話　*157*
    3.1. 音声の検出　*158*
    3.2. 音声の識別　*159*
    3.3. 音声の同定　*160*
    3.4. 音読　*161*

3.5. 自由発話　*163*
4. 円滑な音声処理とチャンク　*163*
   4.1. チャンク処理とはなにか　*164*
   4.2. 感覚器官への入力刺激　*166*
     4.2.1. 頻度　*166*
     4.2.2. 円滑さの特徴　*167*
   4.3. 「母語話者のような流暢さ」と「母語話者同様の表現選択」
     168
   4.4. チャンクによる学習　*170*
   4.5. 音声学習への提案　*173*
     4.5.1. 9歳まで　*176*
     4.5.2. 10歳から15歳ぐらいまで　*177*
     4.5.3. 16歳以上　*177*
   4.6. 音声学習の実現可能性　*179*

参考文献 ……………………………………………… *183*

あとがき ……………………………………………… *203*

索　引 ……………………………………………… *205*

第 1 章

音の知覚

はじめに

　人間は，視覚によって束縛されて思考し，存在していると，一般的には考えられている。日常的に，見ることに依存しているということは，周囲に対する反応や行動，移動を考えてみても一目瞭然である。

　たとえば，暗闇の中では不安感で身動きがとれなくなったり，突然，大きな物音が聞こえてくれば，視覚で確かめるために音の方向に振り向いたりする。視覚からの情報は，出来事を認識する上で特別な役割を担っている。

　視覚の大切さは，瞼を閉じて視界がないときや，停電などで明かりを失った夜に強く意識される。それは，常日頃から見て知っている，すべてあらゆるものが突然に消えてしまったからである。しかしながら，聴覚の重要性に気付かされる状況に置かれる機会は極めて少ない。耳は常に開かれていて，暗闇でも耳を澄ませば微かな音も聞きもらすことはない。

　ヘレン・ケラーの回顧録によると，音のない沈黙の世界の深い孤独と苦悩が語られている。聞こえることで感情や行動に意味を与え，自分自身の存在を確認することができるという。

　人間とって雷鳴の轟きよりも，稲妻の閃光は，はるかに致命的で恐れるものである。しかし，ヘレン・ケラーは，稲妻の閃光よりも雷鳴の鳴り響く空気や大地の振動に怯えた。ヘレン・ケラーは，聞こえることで周囲と共同することができるが，見えること

で世界から隔絶していくことになるため，視覚よりも聴覚に重要性を感じる，と回想している。

しかし，視聴覚に不自由なく暮らす人々は，無音の状態を経験することがないので，聞こえることよりも見えることに重きを置いている。

世界には著名な盲目の音楽家が，精力的に活躍している。彼らは聴覚から音楽を記憶して，楽譜を見ることなく演奏することができる。視覚障害者の多くは，聞くことによって物体の位置や距離などの空間を認知し，触覚を使用して対象を確認し，音楽や言語といった人間独自の営みを具現化していくことが可能となる。そのため，鋭敏で繊細な聴覚と触覚を発達させているとも報告されている。

本章では，音の構成要素，属性を定義した上で，音楽と言語の音声知覚について詳述する。

1. 音とはなにか

直感的には，音とは，聴覚器官に働きかける共有物であり，聞く行為をとおして聞こえてくるものである。科学的に定義をすれば，音とは，空気や水などを伝導する波の動きや振動であり，この考え方によると音は刺激である。また，音とは，感覚ともとらえられ，聴覚器官を活性化させて，知覚へ導く働きを担っている物理信号である。

1.1. 音の高さ──振動と周波数──

　音の振動は，空気などの媒体へのエネルギー伝播である。このエネルギーは圧力をもたらす。物体の振動が，周囲の空気の分子に伝わり，接触している周辺の物体を振動させる。

　音の振動が発生する回数が周波数であり，一定時間内に何回振幅を繰り返すかによって定義される。知覚可能な音を生み出す周波数の幅は，秒単位で計測され，1秒間に繰り返される振動回数をヘルツで表す。

　ほとんどの音の発生源には，ある種の振動する物体が存在している。物体の振動が繰り返されることによって，一定時間にわたって音の波が作り出され，そうした繰り返しの度合いに基づいて，音の高さが知覚される。音の高さは，振動の周波数とかかわっている。

　音の高さを知覚する能力は，周波数を解読する聴覚器官の働きに依存している。一般的には，周波数が高ければ高い音となり，人間が知覚することができる音の高さは，20ヘルツから20000ヘルツと報告されている。聞き取ることのできる周波数帯には大きな個人差があり，30歳から40歳頃に聴力低下が始まり，加齢による影響は高い周波数帯で顕著に見られる。

　耳は，音を構成するさまざまな周波数成分を識別する特性を備えている。聴覚器官の重要な働きは，蝸牛殻にある基底膜で，耳に入ってくる音が持つ異なる周波数を分析することである。蝸牛殻の基底膜には，周波数ごとに敏感に反応する領域が存在してい

る。そのため聴覚器官は，同時に数百もの異なる周波数に対応することができ，複数の極めて詳細な音情報を抽出することが可能となっている。

たとえば，母音は特徴的な周波数の分布の組み合わせにより知覚される。また，多種類ある楽器の音色や周波数の違いも聞き分けられている。

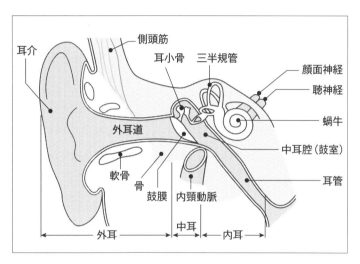

聴覚器官

1.2. 音の大きさと音色

音は，事象（イベント）ととらえられている。音は，媒介となるものが妨げられたり変化したり，あるいは物体の動きによって空気の波が作られて生み出される事象である。つまり，物体の衝

突や振動といったことが音を生み出す。

　音は，ある程度の時間にわたって発生し変化するものであり，少なくともそこには，発生時と終了時が存在する。振動や振幅に伴う高低，大小など質的に異なるいくつかの段階や，一定の大きさを持つ音色が音事象を構成している。

　聴覚器官は，音情報のエネルギーの違い，つまり音波の振幅に極めて敏感である。音の強さは音が持つ力量であり，ある測定範囲を通過する力の量で定義されている。音の大きさは音の持つ強さ，強さのレベルである。音波の圧力が強く振幅が大きいほど，耳に届く音は大きくなる。

　音色とは，二つの安定した状態の音が同じ高さと大きさであっても，異なる種類の響きとして感じられる聴覚感覚である。具体的には，全く同じ曲をチェロとトランペットで演奏してみると，違う音色として知覚される。

音の定義

物理的解釈	知覚的解釈（属性）	感覚的な特徴
周波数（ヘルツ）	高さ	低い―高い
振幅（デシベル）	大きさ	静寂―轟音
信号の形式（波形）	音色	質や種類の違い
時間軸	間隔	テンポやリズム

2. 音楽の音

 人間が進化の過程で獲得した音声には，音楽と言語がある。どちらが先に出現したのか，あるいは同時なのかは諸説がある。舞台芸術や祈りの形として，古来より脈々と，ことばに節を付けて表現してきたが，その脳内メカニズムは，音楽と言語の音声処理基盤に，どのようにかかわっているのであろうか，非常に興味深い問題である。

 ここでは，音楽を構成する音について概観し，言語音声との類似点と相違点について検討してみたい。

2.1. 音楽の音の構成要素

 耳には常に，音事象を構成する周波数が入力されている。聴覚器官では，あらゆる周波数帯は，時間の流れに沿って鼓膜を振動させる物理的信号として認識されている。

 空気の振動の連続帯は，音の高さと大きさに基づいて聴覚器官によって区別され，分類されていく。内耳の中のそれぞれの細胞（蝸牛有毛細胞）は，比較的狭い特定の周波数帯に限って個別に反応する。耳に入力される音の分析は，高さと大きさに基づいて進められ，瞬間的に脳内の感覚記憶に保存されていく。

2.1.1. メロディ（旋律）

 空気の振動が事象として統合されると，脳内ではより高次のレ

ベルの音連続として体系化され,水平方向の時間軸に沿って連合された,一連の音の流れが連続体を形成していく。同時に響く複数の音で構成された和音(和声)を連結した音のまとまりが,メロディを生み出す。

メロディは,ある一定の時間内に,高低の変化として体系化され,リズムと組み合わされて,音の連続のパタンとして知覚される。音楽では高低が最も顕著な知覚特性であり,民族音楽ごとに異なる音階を用いて,配列して位置付けている。

2.1.2. トーン(楽音)

楽音は,高低の感覚を引き出す音のまとまりで,音楽にとって重要な属性である。楽音には,正弦波(サイン波)である純音と,純音を組み合わせてできる複合音がある。

正弦波とは,時間軸と空気の圧力変化の関係性を示したものである。正弦波は,振動する物体が発する空気圧の変化が,継続して規則的に現れた音波である。

複合音の中には,倍音と不協和音がある。倍音とは,基本周波数(F0)の整数倍の振動数が繰り返される音の組み合わせであり,正弦波を組み合わせた周波数のまとまりによって構成されている。多くの楽器や人間の声は,多かれ少なかれ倍音である。不協和音は,基本周波数の整数倍の振動数にならない純音を組み合わせた複合音である。

楽音は,音楽の知覚において二つの重要な特徴を持っている。

① 常に変化する，あるいは個別的・類型的な知覚特性を持つ多数の要素から成り立っている。
② 音の類型を決定する上で，音源の認知，識別，同定，追跡を時間軸に沿って行うための知覚的手掛かりとなる。

2.1.3. リズム（律動）

時間間隔のパタンがリズム単位を形成する。音事象が時間軸に沿って流れていく中で，比較的長いまとまりが一つのリズム単位の境界を形成する。高低から成るメロディの中で，時間的な感覚が音の輪郭の上昇や下降を形作る。上昇調で高い周波数に向かう音のまとまりでは，音の強さは増大し，一方，下降調で低い周波数に向かう場合は，音の強さは減少する。

リズムは，長・遅と短・早といった，時間間隔を移動する特性を持つ。リズムの遅く長い箇所は，緊張を緩めるような音調が低い部分となり，リズムが短く早い箇所は，緊張を生み出す音調が高い部分となる。

2.2. 音への反応と生得性

乳児は，二つの音声システムの中に誕生する。一つは母音，子音，韻律を含めた母語の音声体系であり，もう一つは，独自の音色や特徴を持つ文化固有の民族音楽体系である。乳児は，明示的に指導を受けることなく，言語音声である母語と音楽に対する基本的な能力を，生まれながらに持ち合わせている。

2.2.1. 遺伝子からの音の贈り物

近年の研究では，人間には音声に対応するための生物学的なメカニズムが，生得的に備わっていると明らかにされている。音を知覚するための聴覚器官と，脳機能を発達させる仕組みが遺伝子レベルで付与されていて，人類固有の音楽と言語の音に対して反応し，獲得していくための手段を持っている。ただし，音楽のメロディは，比較的正確に再現することはできるが，母語以外の未知の言語音声を，復唱することは不可能に近い。

音楽を再現する能力は，複雑で抽象的な知識体系によって支えられている。この知識は，音楽の表面的な特徴をとらえているのではなく，ある種の原理に根差した規則を習得することによって可能となっている。

この規則は，音楽を聞くことにより，時間軸に沿ってリズムをまとまりとして把握し，高低の音事象を無意識に抽出する。意識的に学習していくものではなく，生得的に与えられた認知システムの原理の一つであり，経験を積み重ねることによって潜在記憶の暗黙知に定着していく。こうした規則の多くは，音楽的な信号に対して体制化するための唯一無二の心的能力として，人間とともに一生涯あり続ける。

世界中の100歳近い年寄りが，民族音楽の伝承者として活躍していたり，また，治療目的の音楽療法の効果が，乳児から年寄りに至るまで，性別を問わずあらゆる世代に認められている。このように，音楽に対する複雑な直観の多くは，意図的に学習され

るものではなく，遺伝子によって決定付けられた，すべての人間に平等に与えられた心のメカニズムである。

　従来より，大脳左半球は言語処理，大脳右半球は音楽の知覚に特化していると考えられてきた。しかし，近年の科学的な研究によると，音楽の初心者は，メロディの知覚で大脳右半球を多用していることに対して，経験を積んだ音楽家などは，分析的・解析的に音楽をとらえる傾向が強いため，より大脳左半球を活性化している。さらに，音楽の規則に基づく処理については，言語音声処理を司る部位と重なってくることも指摘されている。

2.2.2. 赤ちゃんと音

　生後間もない乳児（生後1週間まで）の調査では，全く音が存在しない環境よりも，なにかしらの音があるほうが，穏やかな状態が観察される。この時すでに乳児は，音の高さと大きさの違いを感知していることが分かっている。低い音は，高い音よりも落ち着きを取り戻して泣きやむ傾向があり，音が上がったり，下がったりする現象に対しても生理的な変化が確認されている。

　乳児は生後3ヶ月から6ヶ月頃になると，周囲の大人が歌う子守歌や童謡などの音楽に対して，反応を示すようになる。眠り入ったり，音源に対して振り向き，喜びや驚きの表情を見せるようになる。その後，音楽を聞くと身体を揺らしたり，リズムに対して拍子を取ったり，手足を活発に動かすようになる。

　生後1年を過ぎると，音の記憶が発達し始め，聞き覚えのあ

るメロディや音色と，今までに聞いたことのない音色とを，区別することができるようになる。

2.2.3. 絶対音感

絶対音感とは，任意に示された音の高さを，他の異なる高さの音と比較をしなくても，言い当てて再現することができる能力である。

音の高さに対する感受性は，幼年期が最も高いことが知られている。絶対音感を習得するためには，3歳から6歳の間に，日常的に豊富な音楽への接触を確保して，意欲的，積極的に音楽トレーニングを受けることが必須である。絶対音感は非常に繊細で，音楽的な刺激がなくなると，喪失する可能性が高まる。

また，絶対音感の保持者は，音楽を解析的に聞く習慣が形成され，大脳左半球に依存する傾向が見られる。その結果，感覚感性情報を処理する大脳右半球が抑制され，音楽への情操が鈍化して無感動となる影響が報告されている。

6歳頃を境に，絶対的に音を判断する能力を獲得することは困難となり，相対的に全体から判断する思考方法へと切り替わっていく。音の高さや曲の輪郭を，正確に再現することができる絶対音感に基づく特性は，小学校入学以前に習得することになる。

多くの音楽家や音楽経験を積んだ人々は，相対音感を持っていて，西洋音楽の音階に基づいて表記される音の高さを，比較しながら認識することができる。リズムやメロディを確実にとらえる

ことができる力の発達や安定化は，継続的に音楽にふれていくことによって保持され促されていく。

音楽性の発達段階

年齢	特徴
0-1	音に反応する。
1-2	自発的に無意味音を並べる。
2-3	聞いた歌の一部を繰り返す。
3-4	メロディを構成する。 絶対音感の習得が始まる。
4-5	音の高さを正しく知覚する。 単純なリズムを繰り返す。
5-6	音の大きさや響きを知覚する。 リズムや高さの変化を識別し始める。
6-7	正しい音程で曲を歌う。
7-8	協和音と不協和音を識別する。
8-9	リズムを正確にとらえ始める。
9-10	リズムの知覚が大幅に向上する。 メロディの記憶が向上する。 変化するメロディを理解する。 楽章・楽曲の終止形を認識する。
10-11	和音・倍音を理解する。 音楽鑑賞能力が芽生える。
12-17	感情面や認知面で，音楽への反応が成熟し始める。

2.3. 音と感情

　音や音楽に対して，自然に身体が反応することは，誰しもが日々経験していることである。音楽に合わせて頭は前後左右に拍子を取り，足はコツコツと地面を打ち，上半身を揺らしている。音や音楽を聞く経験は，個人的，社会的，文化的場面で，認知や感情，生理的な状態と複雑に相互作用を起こしていることが，心理学実験から示されている。

　レストランで流れている音楽の速度は，食事の行動に強く影響し，食べる速さや充足感に深くかかわっている。また，パブで響き渡っている大音量でテンポの速い音楽は，客に1杯でも多くぐいぐいと酒を飲ませることを意図している。さらに，スーパースターの臨場感溢れる野外コンサートでも見られるが，音に対する生理現象は，心拍数や脈拍，発汗，血圧，喉の渇き，呼吸数，のぼせるなどの体温変化，筋肉の緊張や弛緩，極度の興奮，絶叫，消化器系への影響などが多数報告されている。

　音楽と，人間の口から発せられる音声言語の音響特性には，強調や感情を音で表明する仕組みが備わっている。音楽では，音の高さ，大きさ，音色を含めた音事象全体で感情を表現している。感情を表す音声言語は，韻律の体系として具現化されていて，人の心を打つ詩の朗読，演説やスピーチなどは，この韻律の特徴を巧みに取り入れた結果である。

　現在でも，世界中の人々に感動を与えているキング牧師の演説"I have a dream"は，聴衆の心に響く抑揚と間，速さ，声の高

さや強さ，大きさなどの音響特性が，言語にのせて見事に表出されている。

感情は，思考や態度，ふるまいに重要な影響を及ぼし，行動を決定する役割を担っている。音楽心理学の研究では，情動，気分，熱情などといったさまざまな感情が，音楽でどのように表現されるのかについて，強さ，大きさ，高低，リズム，速度などの尺度から検証されている。

音の特性と感情の関係性

テンポと音符の密度	拍子や律動は決定的な影響を与える ・速いテンポは，活動的，興奮，幸福感，楽しさ，快適さ，勢力，驚き，浮揚感，気まぐれさ，怒り，心配や不安感，焦燥感 ・遅いテンポは，落ち着き，平静，荘重・荘厳さ，平和，悲哀，敏感さ，思慕，退屈さ
音階	・長音階は，幸福，愉快，陽気，快活，優雅，静穏，荘厳 ・短音階は，悲しさや寂しさ，夢見心地，高貴，緊張，感傷的
大きさ	・大きな音は，強烈，熱烈，興奮，高揚感，力，怒りや恍惚感 ・小さな音は，柔らかさ，平穏，か弱さ，はかなさ，悲しみや恐れ

和声	・高い和音を多く含むと,勢い,怒り,恐れ,活動,驚き
	・低い和音は,快適さ,倦怠感,幸福感,悲哀
	・隠された高い和音は,優しさ,悲しみ
高さ	・高い音は,幸福,優雅,静穏,倦怠,興奮,驚き,勢力,怒り,不安,活動
	・低い音は,悲しみ,威厳,荘厳さ,活発さ,興奮,退屈さ,快適さ
	・高低の変化に富んだ音は,幸福感,快適さ,活動や驚き
	・高低の変化が乏しいと,嫌悪感,退屈さ,恐れ,怒り
間隔	・間隔が大きい音は,より力があり,音程は明確で強く知覚される
メロディ	・広いメロディの幅は,楽しさ,気まぐれ,不安や恐れ
	・狭いメロディの幅は,悲しみ,威厳,感傷的,平静さ,優美さ,意気揚々
	・上昇調のメロディは,荘厳さ,重厚さ,緊張感,幸福,恐れ,驚き,怒り,勢い
	・下降調のメロディは,興奮,優雅,精力的,悲哀,倦怠,快適さ
	・階段風の音の動きは,単調さ,繰り返しの効果,安定感

楽音	・複雑な不協和音は，動揺，興奮，緊張感，怒り，不快感，躍動感，ある種の悲哀 ・単純な協和音は，幸福感，陽気さ，穏やかさ，優雅，平穏，安定，荘厳，雄大，情感豊かな印象
調性と音調	・陽気，単調，平穏に響く音は調を持つ ・怒りを感じさせるメロディは無調
リズム	・規則的で滑らかなリズムは，幸福感，威厳や荘厳さ，平穏 ・複雑で規則性が崩れたリズムは，楽しさ，不安感や怒り ・変化に富んだリズムは，愉快さ ・確固としたリズムは，悲しみや活発さ，荘厳さ ・流れるリズムは，幸福，快活，優美，夢見心地，平静，穏やかさ
アーティキュレーション	・断音は，陽気，勢力，活動，畏怖，怒り ・レガートは，悲哀，柔らかさ，荘厳さ，思慕
間	・間や休止の知覚は，音楽的な文脈に依存している ・音調が変化した直後の間は，瞬時に正しく認識しやすい

全体的な印象	・メロディやリズム，和音が複雑な音楽は，緊張感と悲哀
	・複雑ではない音楽は，落ち着き，静穏，喜び
	・複雑だが力動が乏しい音楽は，陰気
	・複雑かつ動的な音楽は，不安，怒り，高揚感
	・複雑ではなく，適度な躍動感を持つ音楽は，前向きな意欲
	・音の繰り返し，凝縮，たたみかけ，突然の間は，緊張感

2.4. 音楽と言語

2000年代に入り，認知システムとして，音楽と言語の比較研究が盛んに展開されている。音楽と言語は，人間固有の特性であることから，文化人類学，コンピューター科学，情報学，音響学，教育学，言語学，脳神経科学，心理学といった認知科学の分野において，学際的に検証が進められている。

音楽と言語は，情動，感情，感性を生み出して表現するための重要な手段であり，人間の生命活動にとって不可欠な意味を持っている。こうした感覚は，音が呼び覚ます感覚感性情報が，脳の神経ネットワークを活性化することによって導かれている。

近年の認知科学では，生物学的な視点から音情報や音事象をと

らえ，音の成分や音声情報構造，音響特性を定量的に計測し可視化するとともに，人間の脳機能を観察記述，分析しながら，客観性の高い手法に基づく解明が推進されている。

2.4.1. リズムと韻律

リズムは，生命が存続していくための時計である。月日の流れや季節の移ろい，月の満ち欠け，昼と夜，さらに心臓の鼓動などとも密接にかかわっていて，時間的な現象における運動の秩序として，日常生活の規則性と時の変化を担っている。

自然界からのリズムを，時間の概念を伴って体制化し，意味付ける重要な感覚の一つが聴覚である。音事象は，時間軸に沿って発生し，その時間の中で並び内的世界として意味を成していく。こうしたリズムや時間の感覚は，自然現象や生理現象に留まることなく，音楽と言語で重要な役割を担っている。

自然な音声言語は，音響的な信号としてのリズムに支えられている。リズムの持つ時間的な規則性は，音声言語の時間尺度を決定している。自然な速さで話されることばは，4ヘルツから6ヘルツの間で抑揚のピークを示すことが報告されている。こうしたエネルギー分布は，音節構造や音声連続のタイミングと関連している。音節構造は，話す速度や強勢，トーンなどの言語と心理状態を示す韻律の担い手として，音声知覚において必要不可欠な要素である。

韻律は次の二つのタイプに分類されている。

> **音声言語の韻律**
>
> ・**感情を表す韻律**
> 怒り，恐れ，喜び，悲しみなどの心理状態や，丁寧さ，尊敬，粗暴，皮肉，同情といった態度を表現するための，音声的な情報を示している。
>
> ・**言語学的な韻律**
> 統語論（文法的），意味論（語彙的），トーンの特性を示すための，言語学上で分析される音声的な情報を表す。

2.4.2. 症例研究から見た脳機能分化

音楽と言語に関する脳神経科学は，脳機能を詳細に分析することができる機器の進歩により，この10年間で注目を集め脚光を浴びてきた。

2000年代初頭，医学的な調査によると，音楽と言語を司る神経ネットワークは独自の領域を構成し，ある程度の独立性を有していると考えられてきた。

その根拠として，音楽か言語のどちらか一方だけを習得したり，喪失したりする症例が報告されたからである。失音楽症の患者が必ずしも失語症を伴うとは限らず，失語症の患者が失音楽症であるとは断言できないことは事実として示されている。つまり，この立場では，音楽と言語の神経基盤は重複する部分も見られるが，異なる脳部位が活性化すると主張されている。

近年の脳神経科学研究によると，発達や認知処理の過程で，これらの領域が互いに影響し合っていると，仮定されるようになっている。

2.4.3. 赤ちゃんの音楽的言語習得

母親と乳児の相互作用がもたらす効果の一つとして，乳児は母親の発する音に強い興味を持ち，反応することにより音声言語を知覚する準備が整えられていく。周囲の大人が乳児の機嫌を取ってなだめたり，あやしたりするときには，自然とメロディや音色，リズムといった母語の音声的特徴を強調している。

その具体的特徴は，高い声，高低の変化の誇張，長く明瞭化された母音や子音（マアーマ，ナアーニー），簡潔な発話，複数回の繰り返し（ヨシヨシヨシヨシ）などが観察されている。

このように大人が乳児に話しかける理由は，人間は生まれながらにして「音楽的」であることから，リズムや速度，高さやメロディといった音の性質に敏感であるためとしている。乳児はこれらに興味を示し，ことばの意味が分かる前から，母語の音声特徴を体得していくと解釈されている。

リズムやメロディは，韻律として言語を支えることになるが，韻律を強調されることによって，乳児は音声言語の輪郭を「音楽的」に習得していく。この点に注目をして，言語の神経ネットワークは，音楽の神経ネットワークに重なる形で形成されるとの仮説が提唱されている。

成人の外国語学習でも，音階を用いた中国語の声調（トーン），メロディを用いた英語のイントネーションなど，音楽的な指導として取り入れられている。

2.4.4. メロディとリズムの脳内基盤

1990年代，脳科学の実験により，音楽と言語の脳神経学的基盤について三つの重要な発見が成されている。

① 音楽でも言語と同様に，感覚運動を処理するために特化した神経経路が脳内に分布している。
② 音楽活動の種類よっては，言語活動の際に活性化される部分の周辺，さらには部分的な重複が見られる。
③ 音楽活動によっては，大脳左半球の一部が活性化されることがある。

メロディとリズムは，神経学的に異なる系統が処理しており，大脳左半球がリズムの処理により深く関与している。大脳右半球側頭葉連合野（22野）が，音楽を聞いたときに最初に反応し，特に大脳右半球は音楽のメロディを処理している。また，大脳右半球は言語のメロディ的なニュアンスの解釈にもかかわっており，心理的状態や感情を音声言語で表す，声の調子に対して敏感な反応を見せる。

音楽と言語は，聴覚器官と大脳皮質聴覚野での音情報の解読によって支えられている。音響学的には，音色と音素は同等の意味

を有しており，振幅と周波数に基づいて音色を解析している。音響工学では，音楽の音色と，言語における音素の同定は平行していると理解されている。

しかし，音声言語の知覚での音素の区分は，音楽知覚よりも信号形式が複雑なため，同定には短時間での高度な解析が求められる。なぜならば，音楽の音色の情報は，言語の音素が持つ情報ほど瞬間的に変化し続けることはないからである。音声認識技術の応用は，音符ごとに楽器を替えて演奏するシンセサイザーを設計するよりも，はるかに困難な挑戦である。

音声言語の知覚では，音素の分析のため，より大脳左半球が活性化され，言語の韻律や音楽のメロディの処理には，大脳右半球に依存することになる。こうした音声情報処理の脳内における役割分担の設計図は，人間には誕生したときから付与されている。

脳機能分化

大脳左半球	大脳右半球
分析的・解析的処理 右手・右側の視野 時間軸に沿った理解・解釈 リズム 言語の統語・意味処理	全体的・一体的な処理 左手・左側の視野 空間認識，顔の識別 メロディ 感情，声の質，冗談や比喩などの理解

2.4.5. 音楽と言語の接点

　音楽と言語の形式は，それを生み出し共有する社会を映し出すとも言われている。特に伝統的共同体では，さまざまな方法（打つ・叩く，振る，はじく，こする，吹く，唱える，歌うなど）で音を作り出し，緊密な絆で人々を結び付ける土台となっている。こうした表現行為は，初めて経験する人をも感動させる要素を含んでいることから，音が持つ感覚感性情報を受容する脳には，学習を必要としない普遍性があるものと解釈されている。

　近年の聴覚実験の結果によると，成人でも聴覚は，高い柔軟性を持っていることが確認されていて，さまざまな音を区別することができる。しかし，成長過程で築き上げられていく神経回路の質や複雑さの違いが，人生の後半に残存する柔軟性に影響を与えることが分かっている。特に音感に対しては，年齢の制約が顕著に見られることが報告されている。

　音楽と言語は体系的に比較をすると，相違点よりも共通点のほうが多いと主張する立場がある。音楽と言語は，比較的小さな要素（個別の音や単語）が，まとまり（メロディや句）を形成し，大きな連続体（曲や文章）を成立させる階層構造を持っている。音楽と言語に共通する基本的な単位はリズムであり，音色の変化やメロディ，韻律といった根本的な特徴を合わせ備えている。

　聴覚器官に入力された音声は，内耳での周波数分析を経て，脳内で連続体として組み上げられて意味解釈に至る。その過程を支えている能力は次のとおりである。

> ### 音楽と言語の音声分析能力
>
> ・音楽と言語では,高さや時間の感覚,和声,意味解釈のための名詞や動詞といった品詞の,心的表象は異なっているが,学習した音声を分析して分類し,記憶する能力によって支えられている。
> ・リズムやメロディを頼りに,音連続から規則性を抽出する。
> ・音楽の個々の音や,単語などの要素を統合し,構造を作る。
> ・ニュアンスや感情などの意図を,音事象から解釈する。

一方,音楽と言語には,音のシステムにおいて明らかな相違点があるとする研究者も多い。楽器の音色自体は一定であることから,音の高さが音楽の音で主要な働きを担うが,音声言語では,瞬時に周波数が変化し続ける,母音と子音の音色を知覚することが鍵となる。このことから,音楽では高さと速さ,音声言語では音色の知覚が中心的な役割を担っており,手掛かりとなる音の属性は同一ではない。

最新の神経科学研究では,音楽と言語の音処理のメカニズムを脳内に構築する過程では,音のさまざまな特性,属性を知覚する誘導要因は異なるが,そうした構築過程を促進する音声分析学習メカニズムは,共通しているとする根拠が多く発表されている。つまり,音楽と言語を処理する部位は,症例研究が示すように最終的には独立している部分もあるが,その習得過程では共通性や

重複が見られるとの可能性が示唆されている。

　音楽と言語は，時間軸に沿って音声を処理する能力が重要である。音楽と言語には，まとまりを構成する上で基本的な単位となるリズムがある。音符の連続と単語の連続は，さらに大きなまとまりを形成するが，その時間的な長さや繰り返しの頻度は，音楽と言語のリズムの質的な違いとなって現れてくる。言語のリズムは，音声変化や弱形，脱落などを引き起こす調音動作に基づく音声学的な現象の結果を反映しており，音楽の体制化の原理とは異なっている。

　さらに，音楽と言語のメロディや韻律に対する実験研究でも，質的な相違が指摘され始めている。音楽と言語の構造，輪郭にかかわるメロディは，接触点が多く確認されてはいるが，その詳細な質の違いについての研究は，脳内の部位の同定を追究しながら今後解明されていくことであろう。

3. 言語の音

　言語学の根本的な課題の一つは，人間はどのようにして音声信号を音節や単語，句や文に分析し，意味を解釈するのかを解明することである。母語では，こうした処理は高速かつ自動的に遂行されるため，日常会話で意識的に考察する機会は乏しい。認知科学としての言語研究では，一連の音声信号処理を支える複雑なシステムに関して，感覚器官と脳の連携から探究されている。

音声言語処理の最初の段階は，連続する言語音声を素性や音素，音節といった単位に分節化し，長期記憶に保存されている抽象的な音声表象，音韻規則と照合して，意味を付与することである。入力された音声刺激を解読する場合，複数の語彙や表現形式が活性化されることがある。これらの複数の候補は，さらに入力される音声刺激と，文脈からの情報に基づいて最適なものに絞り込まれていく。

音声入力から意味解釈までは，数 100 ミリ秒以内に完了する超高速処理である。したがって，果たして段階的に順序立てて処理を行っているのか，あるいは同時に複数の処理を並行しているのかが，常に，心理言語学，心理学など認知科学の研究者の間では議論となっている。

3.1. 音声学と音韻論

音声言語の研究は，音声学と音韻論に分かれている。

音声学は，音声言語の科学であり，言語の音響構造を分析し，知覚と表出を支えるメカニズムを解明している。音声学は，音声言語の発音方法を観察記述して説明する調音音声学，物理的な音声伝播を研究する音響音声学，聴覚器官に焦点を当てた聴覚音声学の三分野に大別される。

音韻論は，言語の音声配列を研究し，音節や単語といった，まとまりを構成する過程や，周囲の音声からの影響，音声をまとめあげる規則と音声表象について追究している。音声学が言語音声

の生理的・物理的側面を中心課題としていることに対して, 音韻論では, 言語音声の機能の解明や規則的記述を行っている。

現在, 音声言語に対する最先端の応用研究として, 音声合成, 音声認識, 音声対話システム, 自動翻訳などが盛んに取り組まれている。これらの研究には, 音の物理はもちろんのこと, 音声学と音韻論の成果を基盤としていることは言うまでもない。音声言語を観察・記述・説明する基礎的な音声学・音韻論は, 1990年代には完成しており, 理学的・工学的・医学的応用を支え, 現代の科学技術の進歩を生み出している。

3.2. 聴覚システム

人間の聴覚器官は, 連続する音声信号を神経組織に入力し, 意味に変換する脳機能へ伝送している。この処理が, どのように行われているのかについては未知の部分も残されているが, 一連の複雑な現象についての理解は, 近年の技術的進歩によって, 生理学や医学の分野から少しずつ光が見え始めている。

3.2.1. 聴覚器官の特性

音の高さと大きさは, 蝸牛殻の内部で, さまざまな部位が反応することで解読され, 内耳では入力される音声情報の, 特定の周波数帯が分析されている。視覚器官が複数の物体を同時に区別するように, 聴覚器官はいくつもの音を識別している。

具体的には, 一種類の音が繰り返される場合に留まることな

く，オーケストラの演奏や，パーティでの溢れる音を同時に処理することができる。さらに，聴覚器官の驚くべき機能は，いろいろな方向から同時に飛び込んでくる音を，空間情報を含めて正しく認識することが可能である。

聴覚器官は会話において，意識的な修復や調整を必要としないで，停止することなく自動的に機能している。次の三つの点において複雑な調音の特性を克服している。

① **音声言語は流れては消えていく**

文や節，句の切れ目にはわずかな間があるが，通常の発話では，5語から15語程度がとぎれなく表出される。そうした切れ目を明確に示す絶対的な規則は存在せず，単語連続の可能性は無限大に近い。

② **音声言語は変化に富んでいる**

音声言語の表出には，多種多様な要素がからみ合っている。たとえば，男性，女性，子供の調音器官の形状は，個人によって異なっている。母音の周波数を決定する声にかかわる諸相は，話し手ごとに固有の複雑な特徴を有している。同一の話し手であっても，話す速度や声量は常に変化することから，音声信号は同一人物であっても一つとは言えない。

男性，女性，子供が発音する「あ」の音は，その人ごとに独自の周波数帯で作られるが，共通して「あ」の音と

して認識することができる。こうした聴覚器官の特性は，いろいろな楽器で「ド」の音を出した時に，その音色の違いが明確に区別できることと同じである。

③ **調音器官は連動する**

言語表出の過程では，母音や子音は前後に共起する音素からの影響を受けて，調音動作自体が大きく変化することがある。こうした同時調音は，二つか，それ以上の音素連続において，調音動作が影響を受ける現象である。たとえば，英語ではしばしば生じる音声変化や弱形，脱落などは同時調音の結果である。

3.2.2. 人間の聴覚システムを機械で再現できるのか

母音や子音といった音素は，いくつかの周波数成分が組み合わされて作り出される。聴覚器官は，複数の周波数成分を同時に一つのまとまりに統合して分析を行い，高さ，大きさ，音色を瞬間的に解析している。

音声言語の知覚は，音事象を作る一つの音波だけに依存しているわけではない。このことは，音声言語を認識する機械を開発する際の，大きな障壁であった。音声言語の認識は，音波の中に存在する特定の周波数を決定しても解決には至らない。それは，話者の声の個人差に加えて，音素を取り巻く前後の要素によって高さ，大きさ，音色が複雑に変化するためである。

たとえば，一人の話者ですら this　year をディス　イヤーや

ディシュ　ヤーと発音する場合が見られたり，can't you を catch you と誤認したりして機械による認識が混乱した。

　音声言語は，毎分 300 ～ 400 音素の速度で理解することができ，これは最大毎秒約 10 個前後の音素を処理していることになる。音素を発音する調音動作には，時間が必要であるため，調音器官は絶えず変化し続けている。

　通常の速度の発話では，母音はある特定の静的な値を出すのではなく，直前に発音した音と直後に発音される音との間で，調音器官が動作しながら音色に調整を加えている。これが同時調音を生み出し，音響測定でも前後の音が波形に大きな影響を与える結果となる。

　コンピューターの記憶容量増大と，処理速度高速化によって，大規模な音声データを分析し，表現形式と発音方法の傾向を把握することが可能となった。現在ではこうした複数の難題が解決され，声の指令で作動するロボットや電化製品，音声言語を文字に起こすソフトウェアが開発されている。

3.2.3. カテゴリー知覚

　音声知覚の先駆的研究成果として，カテゴリー知覚が挙げられる。カテゴリー知覚とは，音声の同定と弁別に関して，二つの音声を連続的に変化させて，それが同じものであるか，異なったものであるかを識別する方式である。

　具体的には，被験者に機械的に合成して作り出した，いくつか

の調音様式の閉鎖音 /b/, /d/, /g/ を連続して聞かせ，さらに実際の音声言語（会話）の中で，これらの音素を識別する正確さを実験調査した。その結果，被験者は意図された音素を正しく識別することができた。また，生後10ヶ月以降は，母語の知覚に不必要な音声対立を聞き分けないようになっていくことも，カテゴリー知覚の結果である。

たとえば，日本人は /la/ と /ra/ がラの一つの音として感じるので，/l/ と /r/ の音声対立は存在していない。二つの音素を異なる音と判断するか，同じ音と知覚するかは音の特性を示す周波数帯を，どこで区切って分類するのか（カテゴリー化）によって定まってくる。

3.2.4. 個人差を包含する解析器官

調音器官の形状の違いは，発音の個人差となって現れ，母音などの波形に影響を与える。男性，女性，子供で大別をすれば，たとえば，/i/ の周波数成分は，男性では 340, 2300, 3000 ヘルツ，女性では 440, 2800, 3300 ヘルツ，子供は 450, 3200, 3700 ヘルツである。

さらに，調音器官の動作特徴は個人差が大きい。寒い地方の住人ほど口の動きは小さくなり，口を広げて発音する音（「あ・お」の音）が不明瞭になる傾向が見られる。このように，話者の方言によっても音声の表出方法は異なってくる。音声言語の多様性は，音声信号を処理する聴覚器官に大きな影響を与えている。

近年の実験研究によると，人間の脳は音の波形に現れる個々の音素の特徴を拾うのではなく，時間軸に沿ってある程度の長さを持つ，音声連続（音声チャンク）を処理していることが示されている（第5章4節で詳述）。時間の流れにしたがって，同時調音や話者独自の声の特徴に柔軟に対応しながら，入力される音情報の解析を続けている。音声言語知覚は，音声信号を解析する聴覚野を含めた大脳側頭葉背面で処理されている。

3.2.5. スペクトログラフとスペクトログラム

　聴覚器官と調音器官の機能を，正確に記述するためには，音の高さ，大きさ，時間が同時に計測されなければならない。これを可能にする機器がスペクトログラフであり，音声の特徴が時間軸と周波数の変化で表示される。スペクトログラフは，音声言語の特徴を手軽に分析する便利な手段である。この機器により周波数・時間・大きさを同時に確認することができる。

　スペクトログラムは，音声言語の音波を周波数成分で表示して，時間の経過とともに周波数成分が，どのように変化していくのかを示している。これにより，波形に特有の調音動作が詳細に記述できる。スペクトログラムでは，水平方向が時間軸でミリ秒単位で計測・記録される。垂直方向の軸は周波数を示し，1秒間の振幅回数で表示される。音の大きさが影として現れ，ある時間に発生した周波数が持つ音のエネルギーが，強ければ強いほど影がより濃くなる。

スペクトログラムの音声情報

周波数	・音声言語の周波数は，一定時間内に声帯の振動によって生み出される音波の信号である。 ・振動の幅は声帯の長さ，厚さ，緊張度合いによって異なり，男性，女性，子供によっても同一ではない。 ・基本周波数（F0）は，発音時に声帯が振動する機能を反映している。 ・その他の特定周波数（F1，F2，F3）の集中帯は，調音器官の特性を示す。
時間	・音声言語の時間特性は，ある音声の継続時間と変化を表す。
振幅	・言語音声の振幅は，声道内の空気圧を表す。

　音声言語の研究では，スペクトログラムを正確かつ適切に読み取ることが必修となる。かつて，スペクトログラフは高価で重く大きな機械であったが，技術革新が進み，現在はパソコンソフトとして提供されている。スペクトログラフを駆使した地道な研究成果は，文字列を読み上げる音声読み上げ技術や，入力された音声を文字化するシステム，声に反応して指示された事柄を実行する装置などとして，視覚や聴覚を含めた身体に障害がある人々の言語理解，さらには日常生活を支援している。

3.3. 聴覚能力の分類

　音声知覚の個人差は，母語と外国語の音声処理の広範な特性と関連している。以下の聴覚にかかわる構成要素は，認知心理学などの科学的な調査で明らかにされている階層性である。

① **音声の気付き**

　音の存在によって行動を変化させる能力。実生活では，音に対して瞬時に気付くか（反応時間）が重要である。声や環境からの音に対して，乳児でも誕生直後から反応を示す。特定の高さ（周波数）の音が聞こえるかが，聴力を決定する。インターネット上には，周波数別試験音源が公開されており，聞き取ることができる周波数帯を確かめることができる（スピーカーの再生可能周波数帯を確認のこと）。

② **音声の注意**

　言語や環境からの音声信号に対して，意識を傾けて受信しようと試みることである。音声に注意を向けている人は，音の存在に気付くばかりではなく，その音に意識を同期させようとする。この能力は，一つの音声信号に対する注意・注目である。

③ **音声への注意の時間的な幅**

　言語や環境からの音に対して，どれだけの時間，継続して聞くことができるかである。興味関心を持つ対象に対

しては，比較的長い時間聞き続けることができる。聞き手のレベルや嗜好に合わせた，最適な音声素材を用いることによって，音声へ注意を向ける時間を増加させる手助けとなる。

④ **音源の位置**

言語や環境からの音が，どの方向から発せられるのかは，聞き手にとって重要な情報である。通常音声だけで物体の位置を正しく認識することは，視覚によって物体を見つけることよりも困難である。

⑤ **音声の識別**

言語や環境からの音声信号の，類似性や相違性を的確に聞き分けることができる能力。音声学で一般的に実施されている音声識別実験では，複数の音素を正確に区別することができるのかを測定する。一つの音素だけが異なる単語や，同じ音素を含む単語の対を聞いて，音の相違を判断する実験である。

⑥ **音の記憶**

言語や環境からの音を，どれだけ記憶に保持して思い出すことができるのか。音を覚えておくことができなければ，音と物体，声と個人を結び付けたり，音の意味を理解，解釈したり，再現や説明することが困難となる。

⑦ **音の記憶の幅**

音の性質や特徴を，時間の長さが増すとともに，どれだ

け覚えておくことができるのかを示す能力。音の記憶の幅は単語の記憶とかかわっている。聴解はもちろんのこと，読解でも通常は脳内で音声信号化して文字列を解読するので，音声的に記憶された単語の数が，心的辞書の精度を高め，内容理解に関連すると考えられている。

⑧ **音声配列能力**

言語や環境からの連続音を，順序立てて配列して記憶する能力。この能力は「先読み」にも活用されている。英語母語話者は，"John eats ..."と聞けば，その後に食べ物を表現する単語を予期しながら出来事の解釈を行う。また，相手が話そうとしていることばや，言い誤りを予測して理解・修正する。

⑨ **音の距離感覚**

言語や環境からの音が，どれだけ離れた所から伝わるかによって，気付きや理解に影響を与える。近接した音に対しては素早い反応を示し，少しでも距離が離れたり，正面以外の方向から発せられる音は，聞こえなくなる聞き手がいる。このことは，公共の音や，スピーカーからの音に対して，知覚できるかという問題になる。ヘッドフォンからの音は聞き取ることができても，スピーカーからの音を拾うことが，不得手な聞き手が存在している。このように，近接した音にだけ反応する聞き手に対しては，音源から離れた場合の配慮が必要である。

⑩ 音の「図」と「地」

視覚では浮き上がって見えるのが「図」で、背景が「地」である。音声の場合、一つの音や音声連続が複数の音の中で入力された場合、どの音を中心として知覚して、他の音から浮き立たせるのかが重要である。聞き手は特定の音（図）だけを選別して、他のさまざまな音（地）は遮断して、目的の音を抽出していかなければならない。たとえば、音楽、話し声、機械音、環境音が聞こえてくる教室で、教師の声に集中する能力となる。

⑪ 音の統合

個々の楽器の音色を組み合わせて楽曲としたり、言語のさまざまな音素や音節を継ぎ合わせて、単語全体の音として成立させる能力。音節構造に基づいて音を統合していく機能であり、単語の発音の正誤判断の正確さは、音節化することによって支えられている。音節化を調査する方法は、不完全な単語音声の一部を聞かせて、完全な形の単語を答える方法が一般的で、英語圏では音韻認識力の発達状態を確認する重要項目となっている。

⑫ 復唱

復唱は、聞いた音を心の中で繰り返し、音の構成を正しく認識することである。言語習得の過程では、この復唱能力が極めて重要である。乳児は、母親からの音声言語を真似ることによって、別の場面や文脈で同じ音声信号

を受信したときに，模倣して記憶した音声を手掛かりに音の確認を行う。このような行動は，人間が音声言語を知覚する時に，無意識に調音器官の動作にアクセスをして，発音方法に交信していると仮定するモーター理論（1967, 1985）の根拠となっている。

3.4. 外国語の聴解

外国語の音声を理解することは，母語の音声を聞くことよりもはるかに困難を伴うものである。母語の効率的な音声処理は，音韻構造を的確に把握する能力によって支えられているが，外国語の音声処理基盤が確立するまでは，母語を処理する聴覚システムに依存することになる。母語とは異なる音素と音声体系，音韻規則に対して即座に対応することは難しく，ましてや，老若男女が生み出す外国語の音声への適応は容易ではない。

3.4.1. 音素レベルの識別

音素は，一つ異なるだけで意味が変わる音声信号である。外国語音声学習では，音素の連続を規定する音韻規則を脳内に構築していき，自らも発音が正しく行えるように，感覚運動器官を発達させることが必要である。

外国語の音声知覚において最も重要な観点は，異なる言語の音素を正確に認知できるようになることである。外国語の知覚を左右する，聴覚能力を構成する要素（第1章3.3節で詳述）が必要不

可欠となる。

　外国語の音声知覚は，母語の音声体系に影響を受けるが，音声を受信する聴覚システムは，外国語の音素を区別するために欠かせない敏感性を失ってはいない。生得的な知覚の敏感性は，聴覚器官が加齢による影響を受けていない，ほとんどの学習者が持ち合わせている。

　しかし多くの研究によると，学習の初期の段階では音声刺激が不足する結果，成熟した母語の聴覚器官が外国語の音声信号を排除してしまい，母語の類似音と混同させてしまうことが実験的に示されている。こうした母語からの干渉や転移は，音素，音節，単語，句，文レベルで発生し，母語同一化音声処理と呼ばれていて，深刻な困難性を誘発する（第4章3節で詳述）。

　外国語の音素を正しく知覚する能力は，単語を識別する能力として機能し，語彙の正確な定着を促す。そのためには，場面，文脈，状況の中で，聞く・話すことによって語彙を音声的に記憶して，4技能（聴解・発話・読解・作文）をとおして定着を図ることが大切である。単語をリスト化した単語帳による暗記学習は，媒体が文字，音声にかかわらず，脱文脈化されている点で，運用能力育成には効果が乏しい。

3.4.2. 音声連続の知覚

　自然な速さで語られる音声の理解は，音素レベルの識別能力だけでは不十分である。音声のまとまりは，単純に音素を合成して

いけば良いものではなく，特有の現象が発生する。

　あらゆる言語には，音声連続に対して調音動作を円滑にするための方策があり，言語ごとに独自の音韻規則が存在している。母語話者は，そうした方策に気付くことはなく日常的に使用している。音声のまとまりは，感覚的に母語話者が生み出すものであり，区切りや息継ぎ，間の取り方，呼吸法などの様式は，言語ごとに無意識に定まって共有されていくものである。

　外国語の音声連続を認識する方式は，母語の音韻規則で対応することに限界があり，聴解は極めて難しいものになる。分節化の問題が発生し，音声の流れから単語を抽出するための技術が求められる。強勢，トーン，リズム，イントネーション（抑揚）が，外国語音声を認識する上で必要不可欠な要素となる。

　そのため，母語話者が話す自然な速度の音声連続から，音声的なまとまり（音声チャンク）を正しく認知して，即座に意味に変換する技術が，正確な内容理解や的確な意図の解釈には欠かせない（第5章4節で詳述）。

3.4.3. 日本語の音節構造モーラの転移

　韻律（プロソディー）は，音素を超えた広い領域に影響を受けた，音節や抑揚などの音韻単位である。日本語では，強弱の変化よりも高低が重要であり，単語の中で同等に音節が構成され，すべての音節が時間軸に沿って等しく配列されている。短母音のみ，子音と母音，撥音・促音，長音などが一つの音節を構成する

特徴を持ち，音声学ではモーラと呼ばれている。

　一方，英語は強勢が極めて重要である。一定時間ごとに強く発音される音節が現れ，弱く発音される音節はその個数・長さにかかわらず，次に強く発音される音節が現れる前に完了しなければならない。その結果，強弱のリズムが形成されて，音声変化，弱形，脱落が頻発する。

　したがって，英語の音韻特徴を聴覚器官と脳に認識させる上で，モーラを英語に転移させた，日本人訛りの発音を聞き続けることは極めて不適切である。英語の音声学習は，母語話者の話す容認発音（RP）や一般発音（GA）を用いることによって，初めて具現化されるものである。

　自然な速度の発話では，聴覚器官にとめどなく入力される音は，母音と子音で区別することができる明確な単位ではない。なぜならば，調音器官が音素ごと，あるいは単語ごとに別個に動作するわけではなく，瞬時に連続して継続的に音のまとまりを作り出していくためである。

　音声を作り出す調音器官の動きは，直前の音を作り出した位置に影響され，後続する音は，その位置から変化を加えることによって同時調音が生み出されている。そのため，音素の発音方法は，絶対的な一つの様式として定義することはできない。聴覚器官は，入力される音声刺激に対して無意識に臨機応変に対応し，脳へ伝送して意味に変換し，自らの発話の準備を行っている。そのことが人間の音声言語を成立させている仕組みである。

4. 聴覚システムの柔軟性

2000年代の研究では，あらゆる知覚システム（聴覚，視覚，触覚，嗅覚，味覚）に対して，幅広い実験的条件下で学習・訓練を施すことによって，識別能力が向上することが確認されている。こうした知覚訓練が，成人の感覚器官を補強する。

成人の聴覚システムは，非常に高い柔軟性を保持していることが，聴覚信号と行動制御の関係性から示されている。

たとえば，文化人類学者，言語学者や音声学・音韻論の専門家，外国語を専攻する学生，言語療法士などは，大学進学以降（18歳から25歳位まで）に，未知の言語の音声や，発音の変種を集中的に学習することによって，正確な音声識別と記述が可能となる。このように，音声を重要な伝達手段として発達させてきた人類は，柔軟性のある高性能で適応力の高い聴覚器官を有しているため，新しい言語を音声から獲得することができる可能性は開かれている。

4.1. 速度や音環境への適応

日常生活では，音の知覚にはほとんど労力を必要としない。言語は，1秒間に10音素（4から7音節）程度話されるため，非常に高速な処理が必要である。視覚障害がある人々は，録画・録音やパソコンからの音声情報を，2倍から5倍程度の速度で聞き取っていることが多い。驚くべきことには，言語によって母語話

者は，1秒間に最大50から60音素まで理解速度を高めることができるとする報告もある。

聴覚信号は情報処理上，注意・注目への負荷が高くなることもあると実験的に示されている。特に複数の音声信号を同時に処理をしなければならない局面や，音声が拡散，反響したり，いくつかの活動を並行して行っている場合は，聴覚に負担がかかることが確認されている。また，音声言語は話し手によって大きな個人差が生じ，不明瞭な音声にも対応しなければならない。こうした負荷が高い状況でも，聴覚器官は柔軟に対応している。

心理学の初期の研究によると，聴覚は信号の伝達速度と，受信の正確性において，他の感覚器官とは異なる独自の特徴を有することが示されている。聴覚の主な利点は，聞き手の空間的位置に制約がないことである。音声情報は，聞き手が動き回っていたり，他のことをしていたり，視覚的・触覚的作業を行っていても情報を伝達することができると主張された。

一方，この研究結果に対して，音響学の分野から疑義が向けられてきた。利点として挙げられてきたさまざまな現象は，音声信号の密度が変化するにしたがって，著しく低下し消滅していくことが示されている。（嗅覚実験からも同様の結果が得られている。）

こうした議論を経て，音声信号を制御する発想へと転換し，住環境の遮音，高速道路の防音壁，公共施設のスピーカーの位置を調節したバリアフリー，コンサートホールや階段教室の設計などに生かされている。

4.2. ことばと声への接触

　母語ではさまざまな話者といろいろな音環境で，難儀することなくやり取りをしている。聴覚器官は，方言の訛りや聞き慣れない癖，新しい表現や言語変化にも瞬時に適応する。また初対面の人でも，聞いたことのない声色ではあるが，すぐに馴れ素早く内容を理解することができる。

　聴覚器官は，男性，女性，子供の調音を等しく認知し，調音器官の違いを超えて，幅広い周波数帯に対応することが可能である。また，騒音の中や，電話のように限定された周波数帯，風邪をひいて鼻が詰まった声にでも，すべて理解に到達する。

　この能力は，音声言語知覚の際に，聞き手が示すカテゴリー知覚の安定性に関連している。さまざまな音素の音響的な境界は，不変値として設定されているわけではなく，聴覚信号の状態によって変化するものである。

　カテゴリー知覚は，音声連続の制約や音素の環境（前後に出現する母音や子音の影響），発話速度，その他多くの要因に対して，柔軟な許容域の中で適切に設定することで保たれている。この能力は個人差の特性に対して，受信環境を調整して最適化する。

　音声言語知覚の発達は，特定話者に対応することから拡大して，長期間能力を維持し，学習した状況を超えて一般化される。やがては意思疎通を図る基礎となり，言語処理を促進することとなる。この点において，幼い頃に習得した言語は，後に教室などで学習した言語よりも当然優位である。なぜならば，膨大な接触

量と経験が，言語処理基盤を支えるためである。こうした「鋭敏で高性能な聴覚システムは，他の言語の音声に対しては，受け継がれない」と主張する英語圏の英語教育関係者もいる。

　音声言語の知覚では，母語で発揮される柔軟性が外国語の認知でも同等に機能するためには，母語と同程度の接触頻度が必要である。そのため，効果的かつ効率的な訓練を継続することや，目標言語圏で生活したり，毎日外国語を運用した業務を継続していると，聞き取りは比較的容易になっていく。

4.3.「聞こえる」という感覚

　音の知覚システムは，経験によって形作られていく。一般的に，年齢が上がることによって，音に対する柔軟性は失われていくものと考えられているが，成熟した聴覚器官は柔軟な適応能力が高い水準で維持されている。

　人間の可聴域上限は 20 キロヘルツと考えられているが，この知覚限界を超える超高周波音が可聴音と共存すると，落ち着き穏やかになることが脳波測定で確認されている。生演奏や，森林などの自然界に存在する，人間が「聞こえる」ことのない 100 キロヘルツ程度の音は，聴覚器官ではなく，皮膚などの感覚器官をとおして身体で感受し，脳へ伝送されているとの報告もある。

　音楽 CD では 20 キロヘルツ以上の音域はカットされていて，収録された音が平坦で深みがないと感じるのは，超高周波音を含まない可聴音だけが収録されているためである。レコードやハイ

レゾリューション音源が注目されるゆえんである。

　生理学からの報告では，20歳以降は，徐々に聴覚器官の老化が始まるが，聴力低下を意識させられることはないように，常に最適化が図られている。

　音声言語は，時間と周波数で複雑に変化し続ける多面的な信号である。音素の違いを正確に判断する能力は，加齢とともに減退し，特に音の高さと大きさに強い影響を受けるようになってくる。会話の中で，単語やある単語の一部分の音が聞き取れなかった場合でも，「聞こえる」ごとく錯覚をして，文脈や推測に基づいて理解を進めようとする。

　しかし，時間とともに生じる生物学的な変化を避けることは難しく，聴覚器官の減退が進み，解剖学的，分子遺伝学的，化学的変化が聴覚システムに起こる。こうした変化は，内耳のさまざまな部位が老化することに加えて，遠心性神経（雑音の中でも，一つの声を聞き取る役割を担っていると仮定されている）を含めた高次の神経ネットワーク，大脳皮質聴覚野などの脳機能にも及ぶ。そのため，訛った発話や，外国語を聞くことに抵抗感や苛立ち，拒否反応を見せる中高年も多い。

　進化の結果，人類が獲得した高度な聴覚システムは，繊細で控えめであるがゆえ，疎かにされがちではあるが，「聞こえる」ということは，いつとも分からず消耗していき，永久ではないことを心に留め置くべきである。

第 2 章

音声の表出
―調音コントロール―

はじめに

　人がことばを発するとき，いつも奇跡を起こしていると言われてきた。ことばは，あまりにも自由で，たやすく使用することができるため，その行為は意識されることはない。しかし，音声言語による意思疎通は，人間の行動の中でも驚愕に値するほどの，最も重要で複雑な認知活動である。

　意味，思考，着想，概念，態度などを，音声をとおして表明する主要な方法が調音である。調音は，音声言語表出の動作と調整を司る行為であり，声帯以外の音声器官である調音器官が，音素や韻律を作り出すために，空気の流れを変化させる。調音は，言語の知覚や表出に必要となる音韻規則と，音素特徴を具現化することによって達成される。

　異なるさまざまな言語音声を作り出すメカニズムは，次の要因を満たす役割を担っている。

- ・話者の伝達信号が，正確に理解されたのか。
- ・話者の発話が，文化的制約を満たしているか。
- ・場面，文脈，状況に応じた，適切な発話を行ったか。
- ・話者が発話に，満足をしたか。

この章では，音声言語がどのように作り出されるのかを概観していき，円滑な調音コントロールの獲得を促す方法と，調音訓練について詳しく解説していくこととする。

第2章　音声の表出——調音コントロール——

1. 声の機能

　発声は，基本的な音声を作り出すために，声帯がふるえることによって生み出され，一定した空気の流れに依存している。その上で，多種多様の言語ごとに特徴的な音を作り出し，調音動作によってさらなる変化が加えられる。空気の流れがなければ，音声言語は存在することはない。

　音声言語の表出は，調音器官の高速な動作と整合で成されていく。これは，最も単純な一つの音節を表出するときでさえも，多くの筋肉がかかわっており，その数の多さから見ると非常に驚くべきことである。自然な速度の発話は，脳内での制御にしたがって，こうした複数の動きを無意識に容易に行い，1秒間に4個から7個の音節を作り出している。

　音声言語の表出は，極めて複雑な運動行為であり，大脳補足運動野の前運動皮質と運動皮質，さらには，脳幹と小脳などの広い領域が活性化される。運動皮質は，調音にかかわる個々の筋肉を直接的に司り，前運動皮質や大脳補足運動野は，筋肉どうしの動作や，より入り組んだ音声言語の制御を行っている。また，言語の知覚と表出を結び付けるシステムは，運動皮質よりも後方の大脳運動野に存在すると仮定されている。

　2000年代に入って，こうした脳内の領域についての研究が飛躍的に進歩して，言語表出に関してのメカニズムが少しずつ解明されつつある。

1.1. 声の生成

　声を生み出すシステムは，肺から空気の圧力を供給する呼吸器系，肺からの空気の流れを個々の振動として刻む声帯，そして，いろいろな周波数帯を持つ，一つ一つ異なった音色の音声を作り出す調音器官から構成されている。

　話をせずに呼吸をしているだけの時には，声帯は弛緩していて空気は自由に出入りをしている。喉頭の内部と周辺の筋肉が，声帯を引くことによって発声し，声帯に加わる力の違いが声の調子を変化させる。

　音声言語を生み出すとき，肺から空気が押し出され，横隔膜によって喉に流れ込む。そして，気管の上部あたりにある声帯が，肺からの空気の流れに反応することによって振動し始め，筋肉運動のコントロールと相まって声道（喉頭から口，鼻の端までの気流の通り道全体）で反響し，音の波を作り出す。調音器官は，唇，歯，歯茎，口蓋，口蓋垂，舌，咽頭などから構成され，それらが組み合わさって動作することにより，さまざまな音素が生成され，ことばが発せられる。

　声帯は一定時間にわたって振動し，声の高さは，基本周波数帯（F0）の違いである。男性は80ヘルツから120ヘルツ，女性は220ヘルツ，子供はさらに高い320ヘルツの周辺に基本周波数帯を持っている。体格と，ホルモンの違いが声帯の開閉の度合いに影響を及ぼし，大柄な人ほど声帯は大きく，ゆっくりと振動して体格が小さい人よりも低い声を発する。

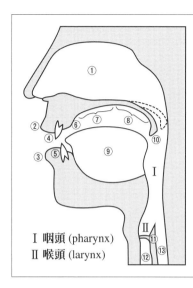

①	鼻腔	(nasal cavity)
②	上唇	(upper lip)
③	下唇	(lower lip)
④	上歯	(upper teeth)
⑤	下歯	(lower teeth)
⑥	歯茎	(alveolar ridge)
⑦	硬口蓋	(hard palate)
⑧	軟口蓋	(soft palate, velum)
⑨	舌	(tongue)
⑩	口蓋垂	(uvula)
⑪	声帯	(vocal cords)
⑫	気管	(windpipe)
⑬	食道	(gullet)
Ⅰ	咽頭	(pharynx)
Ⅱ	喉頭	(larynx)

音声器官

1.2. 声と個人

　調音器官は，音声言語の表出に深くかかわっている。調音器官では，どのように動作するかという調音様式と，どこで音を作り出すかという調音位置が変化することにより，音声言語の基本単位である音素が作り出される。こうした調音の様式と位置にしたがって，調音器官の形が変化し，異なる周波数を持つさまざまな音素が作り出される。

　音声学では，調音様式と調音位置にしたがって，世界中の言語を構成する子音を体系立てて整理している（第4章で詳述）。

一つ一つの音素は、フォルマントと呼ばれる特徴的な周波数成分の集合体を持っている（第4章1.2節で詳述）。スペクトログラフは、時間軸や音の強さに基づいて周波数を計測する機器である（第1章3.2.5節で詳述）。それらを記録したスペクトログラムは、音声言語を視覚的に理解する手段として重宝されてきた。計測されたフォルマントを観察、分析することで、音声の特徴を把握することができる。

このように、スペクトログラフで抽出される周波数帯には、個人差を示す声の特徴、つまりその人ごとに異なる声帯が作り出す音色が反映される。この技術を基礎として、個人を特定する声紋判断にも利用されている。

以下の表では、話し手の声を聞いたときに、聞き手が判断する、声が伝える情報をまとめる。

声はなにを伝えるのか

生理的特徴	心理的特徴	社会的特徴
年齢、性別 外見（容姿・身長・体重） 歯・口腔・鼻の状態 健康状態、疲労度 人種や民族性 酒気、喫煙者、薬物	覚醒（落ち着き） 知性や能力 感情や気分 精神状態、ストレス 誠実さ、真偽 親密さ 魅力	教育水準 職業 出身地 社会的地位 階級

2. 知覚と調音の関係

「読むことができるようになると,書くこともできるようになる。同様に,聞くことができれば,話すことも可能である」との,経験則に基づく教育界の言説は,科学的根拠をどこに置いて主張しているのであろうか。

この節では,聴覚と調音の自律性と関係性について,認知科学の立場から考察を加えたい。

2.1. ことばを監視する脳内システム

伝統的に言語処理理論では,音声言語の表出は「前もって調整を行う」システムであると考えられてきた (第2章5節で詳述)。「前もって調整を行う」システムでは,話したい内容が前もって脳内で作り上げられて,ことばを生成した後の結果については,処理が完了しており,別のシステムに委ねられるものと想定されてきた。話し手の思考や意図は,言語形式として変換され,調音器官が動作して音声信号として出力される。聞き手は,聴覚器官に入力された信号を受信して,脳内で抽象的な言語処理を経て,意味に到達するとの研究報告が成されてきた。

しかし言語表出は,このように直線的で,順序立てて一方向に行われるものではないとの反論も唱えられた。話しているときには,言語処理を自らの脳内で監視(モニター)しており,処理過程に合わせて,自分の置かれた発話環境に応じて絶えず「最適

化」をしている。これがフィードバックのシステムと呼ばれるもので，前もって調整するよりは，処理の結果に基づいて制御を改変していく方式である。

　人間は，「最適化」に向けて言語表出の過程を，あらゆる感覚器官をとおして知覚して制御を行っている。日常生活では，雑音の中では声を大きくする，初対面の人には明瞭に話すなどと，発声方法を変化させる工夫を無意識に行う。

　こうした仮説や行動に対しては，脳科学による検証が進められている。近年の研究では，大脳皮質聴覚野の後方が言語表出に重要な役割を果たしており，言語の知覚と理解にかかわる神経ネットワークは，表出時には抑制されることが報告されている。これは，自分が話している最中に，他の誰かが重なるようにしゃべり始めると，自分と相手の発言が一瞬理解できなくなる現象を説明している。言語表出の脳内基盤については，未知の部分がまだまだ多い発展途上の状態である。

2.2. 聞く・話す神経ネットワークの独立性

　音声を知覚する能力は，言語習得の過程で表出能力を発達させるためには必要である。しかし，知覚と表出の関係は双方向ではない。なぜならば，特定の音素や音節を発音することができない構音障害の原因が，音声言語を知覚する能力に影響を受けているとは限らないからである。

　成長の過程で周囲から与えられる言語刺激の音声情報と，自ら

発話する声が表出能力獲得には必要であるが，音声を知覚する能力は発話技術を必要とはしない。知覚と表出は異なる神経ネットワークによって支えられているため，言語知覚のメカニズムは，言語表出の系統と関係性は乏しい。

たとえば，日本人英語学習者の中には，L/R の音を識別することは困難であるが，正しく発音することができる場合と，これらの音を区別することができても，正確に発音することができない事例が報告されている。

2.3. 自分自身の声を聞くこと

言語表出の過程では，自らが生成した音声言語の確認と監視（モニター）を常にしている。聴覚的なフィードバックは，イントネーション，声の高さと大きさ，話す速度，声の質など韻律にかかわる要素を含めて，発音の正確さをモニターする機能を担う。

さらに，唇や舌などにある感覚受信器が，調音動作の過程では活性化されている。こうした触覚器官は，接触や圧力の信号を受信し，調音器官の位置や動きを感じ取る働きをしている。感覚器官からのフィードバックは，調音の位置と様式をモニターするために役立っている。

音声言語を習得した後に，聴覚を失った後天的聾者の発話を聞くと，音声化と調音に変調をきたし，発音にひずみが生じている。発話のためのモニターによる調整が，機能していないためである。音声の混乱は，母音や多くの子音といった個々の音素にも

発生しており，表出する発音の的確さは，聴力を失った時点から低下が始まっていく。このことからも，発音と発話はモニターによる監視が担保している。

このように，聴覚系統のフィードバックシステムは，句や文全体の韻律の正確さに加えて，母音と子音といった音素の正しさを判定する機能を備えている。このシステムが絶えず作動していないと，脳内に保存されている神経伝播のシステムでは，時間の経過とともに悪化が進行して，最終的には誤りの修正が不可能となってしまう。

音声言語を知覚・表出するシステムの構築過程を整理する。

無意図的知覚学習で，音声連続を聞くことを経験する。

⇩

無意図的表出学習で，音声連続を発音することを体得する。

⇩

知覚と調音の連携が確立して，自分の発話を正確にモニターできるようになる。

⇩

無意図的知覚学習で，母語話者の多種多様な発音方法にふれる経験を積む。

⇩

・適切な場面・文脈・状況で，円滑に発音する。 ・無意図的学習で体得した習慣を，意図的に学び直す。 　（調音動作の意図的学習）

この過程は，母語習得と第二言語習得において確認された順序性をまとめたものである。なお，調音動作の意図的学習は，主に構音障害からの克服や，外国語発音学習の際には積極的に取り入れる必要がある。

3. 理解される外国語音声を生み出す

母語のために完成した音声言語の処理メカニズムは，外国語音声の認知にいかなる役割を担い，どのようにして外国語処理に向けて新しく構築されていくのであろうか。外国語学習年齢とのかかわりや，目標とする発音について先行研究を基に考察する。

3.1. 音声学習の臨界期

認知発達と年齢に関する生物学的な説明理論として，心理学や教育学で臨界期仮説が支持されてきた。臨界期仮説とは，感覚運動器官の発達や認知システムの成熟には，年齢要因が関与するとの脳科学に基づく学説である。

水平・垂直方向の視覚，音素識別能力を含めた聴覚，文法，独創性，対人関係など，人間のすべての行動を制御する脳の成長には，生物学的な敏感期・発達期と完了期が存在している。完了期を迎えて安定期に入ると，認知発達の臨界期を過ぎているために，柔軟な再習得や学習が困難になると仮定されている。

臨界期仮説に対しては，経験的事実や希望的観測に基づいて批

判が唱えられてきた。その代表的な人を惑わす言説は,「臨界期を過ぎたとされる成人であっても,外国語が使えるようになる」とする,臨界期を否定する科学的根拠を示さない主張である。「外国語を使えること」を定義することなく,曖昧模糊で漠然とした社会的概念を学術世界に持ち込み,大脳生理学の仮説を否定することは慎しまなければならない。

また,「言語習得の臨界期は10歳頃なので,9歳から英語を始めましょう」と,臨界期とされる年齢から単純に算出し,その年齢前後の善し悪しを安易に意味付けて,軽率に価値判断することは,児童への深刻な影響を見落とす危険性が潜んでいる。

外国語学習者は,冠詞,助詞,一致要素,語尾変化,時制,空間表現,運用能力などにおいて,母語話者の言語知識(直観)とは大きく異なっている。言語習得の臨界期は,誕生直後から言語にふれ,自らも表出を続け,一定の年数(敏感期・発達期)の中で到達する(完了期)ものである。豊富な接触量を受けて,理解と表出を繰り返してきた結果である。

さらに思考発達の段階性については,ピアジェの理論が示すとおり,緩やかな変化を伴った特徴を有している。こうした成長と段階的移行を,臨界期と解釈する心理学者も少なくはない。人間の脳は柔軟性を保有している一方,成長を促すべき生理学的な最適期が存在している可能性は高い。

聴覚領域の臨界期に関しては,絶対音感の習得を根拠として,音声言語が持つ特定の周波数帯を,知覚することができる年齢域

の存在を提唱する考え方もある。母音と子音を「絶対的」に判断する能力を獲得する上で，最適な生物学的年齢域があると主張されている。

このことは，絶対音感の習得は学齢期前であることから，複数の言語が母語の習得装置によって獲得されていくことを意味している（第1章2.2.3節で詳述）。さらに，絶対音感は音の高さに対する能力であり，母音や子音といった言語の音色の識別にどのように「絶対的」に関係しているのかは，この主張では明確に示されていない。音の高さと音色は，属性（第1章1節で詳述）が異なっており，その習得・学習メカニズムを同一視できるかは，現時点では不明である。

音素識別の臨界期は，乳児に対する実験的研究により，厳密には生後10ヶ月頃であると報告された。しかし，母語以外の音素は，成人でも訓練によって識別可能となるため，臨界期ほど深刻ではないと解釈されるようになっている。このように，音声知覚面については，後天的学習によって高い水準まで到達可能な余地が残されていると提唱されている。

近年の研究によると，外国語の音声システム，特に表出面を学習する上で，臨界期よりも母語からの干渉・転移の影響が，著しい困難性を誘引することが指摘されている（第4章3節で詳述）。また，異なる母語のさまざまな年齢の外国語学習者に，共通した誤りが見られることが報告され，習得・学習に対する妨害要因の普遍性を提案する根拠とされている。

3.2. 目標とする発音

話し手が聞き手に与える理解可能性は千差万別で、話者の方言やアクセントが内容理解に大きく影響を与える。

たとえば、聞き慣れない外国人による訛った発話（ブルガリア人の話す英語など）は、自分と同じ方言やアクセントの出身者が話す発話（日本人の話す英語など）よりも、理解容易性が著しく低下する。

そのため、日本人にとっては自然で容易な「日本人英語」が、世界中の英語話者が聞いたときに、「最も聞きやすい理解可能な発音」と主張する根拠はどこにも見当たらない。

理解可能性の定義は、話し手が表出した音声信号が、聞き手にどれだけ理解されたかを示す。また、男性・女性といった話し手の違いも、声が示す特徴（第2章1.2節で詳述）を含むことから、理解可能性に関係している。

一方、理解容易性とは、聞き手が会話などの状況下で、話し手が伝えたい伝達内容の理解量を示す。自然な会話の場面で、話し手がどのように伝達行為を行い、聞き手が伝達内容を理解するために、どれだけ多くの情報を駆使したかに影響を受ける。

理解可能性と理解容易性は、音声言語の理解に影響を与える概念ではあるが、聞き手の親密度、話し手への興味・関心、環境からの雑音レベル、さらには話し手の表情や身振り、手振り、やり取りを続ける上でのコミュニケーション方策といった、多様な要因が作用する。

理解可能性の一般的な測定法は大きく分けて二つある。

① **強制選択法**（二者択一法）

調査項目をあらかじめ用意して，「○・×，はい・いいえ」などの，どちらかで回答する方法。

話し手の調音が脱落したり，不十分であったり，減退している理由をさまざまな角度から特定していく上で，有効であると考えられている。

② **転写法**（文字起こし法）

単語や文の書き起こし，音素や音節の音声学的表記（発音記号による記述）による方法。

専門家が話者の音声特徴を詳細に記録して，改善方法や治療方針を見い出すための基本となる。

日本語は英語と比較すると，単純な音声システムと言われている。日本語には母音が 5 個，子音が 26 個であることに対して，英語の容認発音（RP）では，母音が 20 個，子音が 24 個あり，世界中にはさまざまな英語の種類（イギリス英語，アメリカ英語，オーストラリア・ニュージーランド英語，シンガポール英語，南アフリカ英語他多数）が存在するため，複雑な音声体系を持っている。英語発音の変種の特徴は母音に現れてくるため，圧倒的に母音が少ない日本語話者には，知覚とともに発音することが難しい。

さらに英語学習者は，音素ばかりではなく言語特有の韻律の特性に直面し，自分の発話に対して外国人訛りの跡を消し去ること

に努力を重ねることになる。そのため外国語を学習するに当たっては，職業，学術，文化芸術，日常生活など，必要とされる目的に応じた現実的な目標を設定することが肝要となってくる。聞き手を，不愉快にさせたり，混乱させて苦痛を与えたりせずに，音声で内容を的確に伝達することができる，理解可能な発音の獲得を目指すことである。

　発音学習不要論の立場によると，日本人英語学習者は，L/R の音を正しく認識することが難しいと言われているが，伝達内容を理解する上で，音素レベルが判断材料となる場面は，それほど多くはない。日本人が毎朝 lice を食べていることなどあり得ないからである。また，light と right も共起する表現が異なるので，文脈から理解ができると主張されている。

　一方，国際社会では，「日本人英語」は極力矯正することが望ましい発音の典型例と，厳しく指摘されている。国際会議や国際学会では，日本人話者が懸命に英語で発表をしても，多くの聴衆は理解することができない発音なので，通訳者を介して日本語で発言するように依頼されることも多いと聞く。

　英語母語話者の発音から簡略化した「国際語としての英語発音」を主張する動きはあるものの，英語母語話者に留まらず，英語を母語としない各国の英語使用者にとっても，「日本人英語」は，理解することが非常に困難な発音であると，音声学の調査でも示されている。

　以下の表は，多国籍の話者を対象として，英語圏で実施された

実験研究に基づいて作成された，英語発音の容認度を示す階層性である。「国際語としての英語発音」もこの規準に準じている。海外で英語を使用する場合，聞き手に意思が伝わらない第1種の誤りは，日本人英語話者に広く見受けられるため，第2種の誤りとともに克服することが求められる。

誤りの許容度と深刻度

第1種 言語として認識されない 理解不可能な誤り	・母音に関する間違い ・硬音・強子音と軟音 　(/f, k, s/ ― /v, g, z/) ・子音のまとまり，音節構造 ・意味にかかわる子音の区別 ・/h/ の脱落 ・単語の強勢
第2種 苛立ったり滑稽な誤り	・/r/ の発音 ・子音の誤り ・微妙な母音の誤り ・/l/ の発音（明るい L・暗い L） ・弱形や音声変化 ・不適切な間の位置
第3種 影響の小さい誤り	・韻律 ・音節主音的子音（子音 + /l/） ・第二強勢

4. 調音と音韻の学習

　音声言語がどのように表出されるのかは，当該言語の音韻規則に基づいている。発音の誤りが生じているときには，学習者は母語話者とは違った音声システムを用いている。調音技術は，伝達内容が正確に理解されるのかに大きく影響を与える。

4.1. 正確な発音の意味

　調音は，話し手の伝達内容の理解可能性を左右し，相手に正しく理解される度合と深くかかわっている。そのため，調音や音声特徴が理解不可能な誤りを含む場合，意思疎通を図ることは容易でなくなってしまう。

　正しく発音する練習を積み重ねることによって，音声識別能力は高まっていくため，学習の初期段階には，十分に聞いてから徐々に発音訓練を充実させることが大切である。外国語学習環境では，教師の発音が学習過程に影響を与えるため，指導には最大限，音声上の配慮が必要となる。

　徹底した発音学習の必要性は，学習者の社会的，文化的，民族的，教育的，職業上のさまざまな要素と関係している。学習者は，正確な発音にふれ，常に適切な発音を継続していくことを心掛け，学習した文脈とは異なる状況で，新しく学んだ発音を用いることによって体得していく。こうして身につけた発音が，さまざまな場面で習慣化され，調音器官が自然に動作されるようにな

ると，第二言語環境や外国語を運用する状況にある学習者の，コミュニケーションの質が向上することにつながっていく。

学習対象の音素の獲得段階

1. 学習対象の音素が分かる。
2. 単語のはじめ・中心・最後にあることが分かる。
3. どのように発音されたかが分かる。
4. 単独で発音することができる。
5. 無意味な連続（音節）の中で，発音することができる。
6. 単語中で発音することができる。
7. 文中で発音することができる。
8. 音読活動中に発音することができる。
9. 常に，正確に発音することができる。

4.2. 音声識別と調音の技術

音声識別と調音の技術の間には，関連性が存在していると提案されてきた。発音を向上させるための音声識別訓練の根拠は，音声言語は耳から学習されるという点にある。聴覚器官に音声的な特徴が完全に知覚され，円滑に入力されていくようになるためには，何回かその音を聞く必要がある。

発音訓練の活用を，最低限に留めるべきであるという立場によると，「人間は正しく知覚した音は正確に発音することができる」

というものである。発音が誤っている学習者は，正しく発音された音との識別がつかないことが広く知られている。

その克服策として，学習者は，積極的に自分の誤った発音を録音し，模範発音と聞き比べることによって，誤りが識別できるようになる。その結果，正しく知覚して発音することが可能になるとしている。しかし，学習者が発音の正確さについて，自ら気付くことができず，調音動作に基づいた指導を受けた場合，学習目標の音と誤った音との区別を意図的に学ぶことが必要になると報告されている。

この立場によると，聴覚練習によって音声識別能力を獲得した学習者は，周波数帯が異なる他者の模範発音だけを繰り返し聞くよりも，自らの発音を録音して模範発音と聞き比べるほうが，発音学習には効果的であると提案されている。目標言語のモニターを身につけて，正しい音声と誤った発音とを識別できるようになった学習者に対しては，聴覚訓練に時間を費やすことは効率的ではないとされている（第 4 章 1.3.1 節で詳述）。

一方，音声の違いを細部にわたって識別することはできても，それらを自らが正確に発音することができない現象は，外国語において頻繁に発生する。知覚と表出は関連し合ってはいるが，異なる脳機能が担当しているためである。このことから，学習対象の音声に十分にふれているばかりではなく，積極的に発音を訓練する機会や経験が，絶対的に必要であるとする提案も示されている（第 4 章 1.3.3 節で詳述）。

多くの同時通訳者は，さまざまな英語の変種を正しく聞き取ることができても，自らの発音は，英語母語話者からは程遠いと語っている。通訳者であれば，母語話者に近い発音ができるものと期待されるので，発音の練習を日々欠かさずに努力する通訳者もいる。こうした事例が示すように，聞くことと発音することは別の技能である。

聴覚器官は，音声入力に対して無意識に調整が行われるが，調音器官は，母語の動作に誘導されがちである。外国語では，意欲を持って積極的に調音訓練を行わない限り，調音コントロールの自動化は難しい。特に我流の発音期間が長ければ長いほど，化石化が進行して発音が歪み，新しい調音動作の定着には苦痛と絶望感を伴う。そのため，初学時から一貫して目標言語の発音方法を，正確に繰り返して体得し習慣にすることが，外国語の発音・発話学習には肝要なのである。

4.3. 聴覚訓練を発音練習よりも先行させる

聴覚訓練は，数週間から場合によっては数カ月を要するが，集中的に行い，発音訓練よりも先に完了させておくことが望ましい。発音訓練は，この期間に取り入れることは必要ないが，訓練とは異なった場面で学習者が継続的に目標言語を話し，会話や活動を行って学習中の音声を用いることは重要である。

発音訓練をいつ開始したら良いのかは，確固とした時間と時期は存在していないが，聴覚訓練で定着を図っている対象の音声

が，容易に高速で確実に知覚できるようになった段階で，積極的にその音を含む発話を行う。学習者自身で発音の正誤を客観的に判断できることが前提となる。同時に，音素，音節，単語，句，文へと発音する分量を長くしながら繰り返していく。第二言語環境下では，自然な会話と目標音声に注意を傾けた発音訓練とは，両立させることが理想的である。

① **聞き取り訓練**
   - 学習対象の音声が出現する，さまざまな音声学的状況下で，識別能力を高める。
   - この段階では，発音方法の知識を得る程度に留めて，発音の練習は控える。

② **同定**
   - 学習対象の音声との類似音や相違音を，比較対照させながら識別練習を行う。
   - 比較対照の練習では，異なる音を先に示した後に，学習対象の音を示すことが効果的とされている。
   - 相違音から類似音へと，段階的に学習を進めていく。

③ **分離**
   - 単語中の最初・中央・最後に，学習目標の音素を含む音声を聞く。
   - 学習目標の音素が，単語中でどの位置で発音されたのかを指摘する。

④ **刺激**
  ・学習目標の音を含む，大量のインプットを与える。
  ・学習目標の音を強弱，長短で変化させる。同一話者の声に慣れて適応能力が狭まること（チューニング）を避けるために，さまざまな話者の発音素材を使用する。
⑤ **弁別**
  ・学習目標の音を誤って発音した例を聞く。学習者の発音の誤りを含めて複数の例を示す。
  ・通常は，学習者の発音を録音して教示することが多いが，教師が学習者の誤った発音方法を，模倣再現できることが望ましい。
  ・誤りに気付かせて，誤りの判断理由を尋ねる。
  ・正誤判断の基準となる指針を再確認する。
  ・学習者自身で，自分の発音の録音を聞いて判断する。
  ・意欲を持って積極的に発音練習を開始する。

このように，臨床研究に基づいた音声学習では，聴覚訓練が重視されている。さらに体系的な発音練習を含めると，以下の四つの段階が存在している。

  第1段階　聴覚訓練（耳を鍛える）
  第2段階　発音訓練（調音の確立，口と舌を鍛える）
  第3段階　聞き分けと発音の安定化
  第4段階　さまざまな場面，文脈，状況で正しく活用

第1段階の聴覚訓練の目標は，学習対象の音の基本となる周波数帯に対応することである。学習対象の音を発音する必要はなく，学習者の内部で，聴覚的な基準を確立することが先決である。その結果，発話の際にモニターとして活用することができ，音声的な誤りに気付くことができるようになる。

第2段階の発音訓練は，学習者が学習対象の新しい音声の音響特性を，聴覚的に正しく身につけてから開始する。新しい音声の特徴を基にして，確実に発音の正誤判断が行えることが前提である。発音練習の目的は，学習対象の音声の調音動作に対して，意識的な注意を傾け，感覚器官を頼りにしながら調音動作を確立することである。

第3段階の安定化では，正確に学習対象の音を聞き分け，発音できるようになったときに開始する。簡単な場面・文脈から，高度で込み入った状況の中で，誤ることなく発音ができることを目指す。

第4段階では，最終的に学習者は，学習対象の音を日常生活の中で確実に使用することができる能力を獲得する。

以上の音声学習は，外国語授業時間内に実施していくことは，時間的な制約に拘束される場合も想定される。また，聴覚と調音には個人差が大きく，繰り返す回数や段階移行の速度が均一ではないため，継続した自学自習が重要である。

日本の英語教育で重要な観点は，初学時の小学校段階で，正確な英語の音声を十分に聞いてから，発話学習を開始することであ

る。日本語の影響を受けた音声を聞いたり話したりすることは，英語音声獲得の上で，深刻な結果をもたらすことになる（第4章3節で詳述）。英語の音素や音節を正確に識別できないということは，聴解に留まらず，発話技能にも重大な弊害を伴うことは，この節で繰り返し述べてきたとおりである。

4.4. 自律した音声の獲得

学習者や教師が，練習したはずの音声を新しい状況で用いることができないという，不平不満を口にすることがある。市販されている，たくさんの書籍を用いて発音訓練を繰り返しても，一向に成果が見られない。また，教科書を用いた音読活動では，目標音声を正しく発音することはできるが，自然な日常会話では，その音の発音を誤ってしまうと，解決策に苦慮している。

この問題は，関連しているものの，独立した二つの処理過程が関わっている。

① **読み上げ技術**

   あらかじめ用意された単語や句，文や文章を読み上げるための滑らかな調音動作の体得。

② **生成技術としての調音コントロール**

   その場で句や文を瞬時に表出するための，高次な言語処理基盤と調音器官が連動したことばの生成。

克服するために提案されている活動は，次のとおりである。

> **円滑な表出に向けた活動**
>
> ・書かずに，口頭で文を作り上げる日記を毎日吹き込む。
> ・トピックに対するスピーチの課題を出し，学習者自身が自分の回答を録音する。発音の正しさや誤りに意識を向けながら聞く。
> ・発音を誤った単語を書き出しておくことにより，次の場面，文脈に活用する。
> ・学習した音声を，電話などの伝達手段，社会的なやり取り，自分自身の心の中でつぶやく，鏡に向かって話しかける，など感情を伴った発音として用いる。

　このように学習した新しい音声は，いろいろな発話活動で用いることが大切である。最終的には，発話を高速，あるいは自動的にモニターできるまで高めていく。発音は，感覚運動系の熟達が支えていくことから，調音器官の調整能力を常に研ぎ澄ませ，自身のたゆまぬ努力によって洗練されていく。

　かつて日本の教育現場では，中学校で体系的に音素，単語や文型の口頭訓練を一貫して英語授業に取り入れていた。徹底した発音練習は，思春期特有の青年心理学的な妨害要因によって効果がみられなかったため，現行のカリキュラムでは積極的には取り入れられていない。しかし，自学自習などによってその成果を最も期待することができる年齢域である（第5章4.5節で詳述）。

口頭訓練は，教室でその場限りの機械的な練習として終わらせるのではなく，調音動作を安定化させるために，学習者自身が自律した習慣として継続していくことによって，美しい発音を体得することが可能となる。

英語圏の大学附属語学学校には，音声学習プログラムのための自習室が用意されている。各国の留学生たちが，個別学習の時間を日常的に見つけては，理解可能性を向上させるために，聞く・話す練習を，黙々と，ひたむきに積み重ねている姿が見られる。

発話では，自分自身の発音の正しさを聞き分けるだけではなく，それを瞬時に感じて，即座に修正できなければならない。こうした感覚器官による調整を訓練するためには，耳栓をした状態で発話をする，別の音をイヤホンから流した状況で話す，調音動作の確認のためにささやく，声帯を振動させずに口だけを動かす，といった調音器官の位置と様式を意識しながら，聴覚信号に対応しうる能力を増強していく。

言語病理学では，発音の学習指導には以下の方法が効果的であると提案されている。

- 短期間に一度に繰り返す集中訓練よりも，長期間にわたって学習を繰り返す分散練習を行う。
- さまざまな学習項目が，いくつか無作為に盛り込まれた訓練を推進し，きっちりと順序付けられた統制の強い練習は控える。

- 異なる文脈の中で，目標の音声を使用するほうが，同一の文脈で機械的に学習するよりも効果的である。
- 学習対象の音は，接触量を維持し，出現頻度を保証する。
- 聴覚と調音は，感覚的に調整されることが多いので，正誤の指摘に留め，知識を提供する諸々の解説は加えない。
- 何回か訓練した後に改善に向けた注意を与え，毎回の練習に対して頻繁に指導することは避ける。
- 学習者自身が，無意識かつ自然に誤りを修正していくことが多いため，少し遅れて注意を促し発話直後には指導を行わない。

近年の研究によると，聞き取りや発音の向上には，目標言語を用いる機会の充実，母語話者からの豊富な音声入力の提供，意図的な知覚・発音学習の重要性が示されている。日本の外国語学習環境では，これらの条件は残念ながら満たされていない。

そのため，コンピューターを用いた音声学習（第4章1.4節で詳述）は，学習者の音声面を向上させる上で，有力な支援教具と考えられている。コンピューターの発音診断機能を用いて，学習を補助することができる。コンピューターに接続されたマイクから音声信号を送り，内蔵された音響分析ソフトが測定と判定を行う。その結果が画面上に視覚的に表示され，学習者の理解可能性を高めるための調音動作への指摘が成される。

発音学習は音韻規則の知識を体得し，音声連続と意味の結合を

促すものである。音声学習への導入は，授業に容易に組み込むことができる。さらに，コンピューターを用いた本格的な学習支援は，選択授業や補習，自宅学習の場面で，学習者が音声を知覚し表出する機会を提供する一助となる。理想的には，音声学の教育を十分に受けた教師と，母語話者による対面指導が最も効果的であることは言うまでもない。

5. 音韻解読と正しさを導くモニター

　日常生活の中で，母語の使用は適切に間を取り，誤りや繰り返しなどを瞬時に修正して，すらすらと話すことができる。一方，外国語を用いて会話を行うと，たどたどしく，おぼつかなくなってしまう経験をすることがある。話し手は，まず発言内容を組み立てて，思ったとおりに表出できているかを，脳内にあるモニターで監視していくことになる。

　言語表出時には，音声の符号化は音節レベルから開始されていき，単語の符号化では，単語の音声面を整え音節構造を決定する。会話の最中には，話者は相手の発言を聞き，次に発言されるであろう内容を予測して先読みし，相手の言い誤りを瞬間的に予知し修正する。同時に，自らの発話を聞きながら，自分自身の発話を吟味している。このことは，相手と自分の発話内容を理解するシステムと，調音化の前に意図する発話をモニターするシステムが，脳内に備わっていることを意味している。

自分自身の発話を監視して、誤りを修正する能力は、モニターによって促進され、現在は二つのシステムが併用されていると考えられている。

二つのモニター機能

・**外部モニター**
　自分の発音の音声信号を監視する。大脳左右両半球の、上部側頭葉の後方、70％程度の領域が担当する。
・**内部モニター**
　音声的に伝達内容を言語化する、隠れたシステムである。神経経路は、外部モニターと重複する部分がある。

脳画像診断によると、モニターと言語理解のシステムは、同じ神経ネットワークを使っていると報告されている。言語表出過程では、話者は自らの発言を外部モニターで聞き、意図を正確に伝達するための改善点を常に探っている。これとほぼ同時に、内部モニターは、発話内容を音声化以前に監視して調整を行う。つまり、言語理解のシステムが、モニターのためにも駆動することを表している。

しかし、これらのシステムは別系統であるとも仮定されている。自己修正は非常に高速で行われるため、外部モニターに加えて内部モニターを、平行して同時に活性化させている可能性が指

摘されている。

　言語表出は，順序的で，「前もって調整を行う」処理形態であると仮定されてきた。しかし人間の脳は，複数の処理をほぼ同時並行で遂行していき，自己修正には言語理解のシステムを活用し，相手の発言内容の理解を同時に行っている。

　自分と相手のことばは，内部モニターによって音声化される前の状態を監視・先読みしていき，耳からの音声信号を受信する聴覚システムを経由して，言語理解を担当する処理基盤へと入力される。外部モニターは，語彙的な誤りではなく，主に音声的な誤りを修正する。内容にかかわる内部モニターと，音声面の外部モニターの脳機能分化が示されていて，こうした役割分担は，トップダウン（全体的に内容を把握した上で，細部へと注目をする方法）であると同時にボトムアップ（部分を組み合わせて積み上げながら，全体の把握へと至る方法）でもある。

　母語の習得過程では，無意識にモニターシステムを獲得して，自動的に稼働している。言語表出では，こうしたモニターを働かせ，自分の発話内容を作り上げて監視し，同時に相手の発言を瞬時に聞いて理解しなければならず，正確，流暢，的確に話すことは，高度な認知活動である。

　自己修正には，誤りの発見，処理の停止，修正という三つの段階がある。さらに，心理言語学からは，11のモニター機能が提案されている。母語と外国語の処理過程で，自動，同時期，高速に動いている。

> **モニター**
>
> ① 意図が正確に言語化されたかを確認する概念監視モニター
> ② 言語理解システム（①とともに内部モニター機能を担う）
> ③ 表現選択を確認する語彙モニター
> ④ 文法的誤りを確認する統語モニター
> ⑤ 句の境界を確認する句構造モニター
> ⑥ 発音する直前に指令を出す調音モニター
> ⑦ 調音動作を確認する遠心モニター（外部モニター）
> ⑧ 入力・出力信号を短期的に確認して，感覚運動系を調整する感応・固有受容モニター
> ⑨ 触覚系と連動して，調音動作を確認する感覚モニター
> ⑩ 全体の処理過程を監視する予備・補助システム
> ⑪ モニターの結果を集積する記憶システム

6. 期待される言語表出の研究

 ある瞬間に話者が作り出す音声信号は，多くの生理的，感情的，認知的，経験的要因に影響されている。声の調子も，脳内での音声化，調音，聴覚の相互作用に基づいていて，自分自身の声を聞くことによって発話に調整を加えている。音声言語を習得する途上にある子供は，周囲の大人の発話を聞き，模倣しながら自

分の声を聞くことにより言語習得が促される。

　しかし，外国語の言語表出のためには，限られた入力を基にして，訓練によって高速処理のシステムを構築していかなければならない。処理負担を軽減するために，単語から句，文へと一度に処理をすることができる分量を増やしていく。そのための効果的，かつ効率的な処理方策で中心的な役割を担うのが，音声連続と意味を結び付けるチャンク処理である（第5章4節で詳述）。この処理方策が定着していくと，澱みなくコミュニケーションを図ることが可能となり，円滑な音声処理能力の伸長が期待される。

　言語表出の研究は，言語理解に比べて大きく遅れているため，この章で述べてきた表出過程や，モニター機能についての研究も，数年単位で新たな知見がもたらされている。

　現在，外国語の発話処理過程について，脳神経学的なメカニズムは解明されていない。また，その手段も，音声言語の解読と符号化を高速化するための継続的な訓練の重要性だけである。

　母語の表出過程の解明に向けて，認知科学では精力的に研究が推進されている途上であり，言うまでもなく，外国語表出の脳内メカニズムについては，暗中模索の状態である。

第 3 章

聴覚,視覚,触覚信号の融合

はじめに

　見ることとは、なにを意味するのであろうか。人々は、見えることによって、なにがどこにあるのかを知ることであると、いとも簡単にさらりと答える。

　見るとは、世の中に存在する物体の位置を、心象（イメージ）として発見する過程である。そうして見た認識を基にして、この情報を色彩、形状、美観、動き、これら細部にわたる豊富な表象として脳は処理を行う。表象とは、情報の種類や特定の要素を明示化するための脳内システムである。

　近年の研究では、イメージ形成や空間認知において、感覚器官、認知システム、脳機能が補完することが明らかになっている。特に聴覚、触覚、嗅覚が視覚信号を補って、脳機能が円滑かつ正確に認知して、情報処理を遂行するように柔軟に変化していくことが報告されている。

　こうした研究では、いずれかの感覚器官に障害がある、たとえば、視覚障害者や聴覚障害者を対象とした生理学的、医学的研究が大きく貢献している。

　聞く、見る、感じる、嗅ぐ、味わうなどの感覚情報を処理し、習得する生得的なメカニズムが、人間の行動を誘導している。こうして感覚器官から集積された情報は、抽象化された概念として記憶され、学習と行動の核となる。

　本章では、聴覚と視覚、視覚と触覚が統合しながら、どのよう

に情報処理が行われるのかを解説していく。最終的には脳内に概念として保存され、その一部がことばとなり、存在の証となる。

1. 視覚の位置付け

視覚は人間の日常生活において、極めて重要な役割を担っている。視覚器官で周囲に存在する物体を、何万回も知覚することによって行動が導かれていき、物体の形、奥行き、大きさ、色彩、風合い、動きが処理されている。

話し相手の表情を見つめたり、自由に行動範囲が広がり、自然の美しさを満喫することができる。また、印刷物や映像から情報を得ることも可能となる。とりわけ視覚によって、生存を維持するための危険を回避し、正確な行動を担保している。

1.1. 視覚とはなにか

視覚は、視細胞から成る視覚器官が、可視光線を受容することによって生じる、光の明暗や色に関する感覚である。視覚には、光感覚、色感覚のほか、奥行き知覚（立体視）と運動知覚（運動視）が含まれる。

網膜に光が当たると、視細胞に興奮が起こり、視神経をとおして信号が大脳の視覚野に伝えられ、明暗・光の方向や物の色・動き・距離などを認知する。視覚野とは、大脳皮質における視覚に関する後頭葉の領域である。

視覚器官は，明暗や光源の方向，対象物の形態や動き，対象物までの距離などの識別や，色彩弁別を瞬時に行う。機能的には，対象物の形を識別する形態視と，対象物の位置や動きを認識する空間視に分けられている。

　光感覚は，光の量の多少によって明暗感覚を生ずる。明暗感覚は外界の明るさによって変化する。明るい所から暗い所へ入ると始めは物が見えないが，しだいに網膜の光に対する感受性が高まり，10分から20分すると見えるようになる（暗順応）。また，暗い所から明るい所へ出ると，まぶしくて物が見えないが，約3分ほどで目はその明るさに慣れてくる（明順応）。

　色感覚は，光の波長の差に基づいている。明るさの感覚（明度）は，光の波長（色相）によって異なっている。明るい所では黄が最も明るく見えるが，光度を弱めていくと，明るく見える部位が黄から青緑に移る。欧米の研究では，夕暮れや明け方といった薄暗いときに，緑や青が一面に広がって，全体をつつみこむ現象が報告されている。

　奥行き知覚は，観察者から刺激対象までの距離について知覚することで，三次元的な立体の前面からその背後までの距離（縦・横・高さ）の知覚も含まれている。人間の場合，立体の認識は視覚を主とするが，状況によっては聴覚や触覚も大きな役割を果たしている。

　運動知覚は，対象の位置の連続的な移動，動きを知覚することである。

第3章 聴覚，視覚，触覚信号の融合　　87

> **動きの認識**
>
> ・視野内の視覚刺激対象の動き（視覚的運動）
> ・音を発する聴覚刺激対象が，空間を移動（聴覚的運動）
> ・触刺激対象が，皮膚面上を実際に移動したときに生じる運動の知覚（触覚的運動）
> ・刺激対象が実際は静止していても，あたかも動いているように感じられる運動の錯覚

　視覚システムは，三次元の空間関係と身体の動き，顔の認知も担っている。物体を認識すると注意を傾ける対象を抽出し，それらを記憶に書き込んだり，即存の情報と照合を行う。その上で，物体の捕獲，または接近，回避を決定していく。

　このように，瞬間的に判断するために効率の良いシステムが構築されていて，感覚器官と脳のさまざまな部位が連動しながら，視覚情報の分析処理を行っている。

　2000年代に入り，意識的・無意識な神経ネットワークの活動状態が確認され，異なる脳部位がどのような機能を担当しているのかについて，飛躍的に研究が進んだ。いかなる視覚刺激に対しても，大脳皮質後頭葉に位置する一次視覚野が最も重要であり，さらに高次の脳機能が視覚的特徴や，物体独自の特性を知覚することが確認されている。

1.2. 視覚の一方向性

人間の脳は,一貫した反応と環境下での行動を制御し,身体組織は運動系として行動の計画,体制化,筋肉による動作を遂行している。

感覚運動系はそれぞれが独立して,独自の感覚運動システムを構成している。感覚器官は環境からの刺激を受信し,皮膚や舌などに無数に張り巡らされている末端の感覚受信システムから,脊髄,脳へと信号を伝送する。その経路では,神経系が情報の統合を行っていて,次々と感覚器官から入力される刺激が,身体組織の洗練と促進をもたらしている。

近年,聴覚領域の情報処理過程において,同時に活性化される視覚や触覚を含めた他の感覚器官から,どのような影響を受けるのかという研究が盛んに行われている。

視覚理論で最もよく引用されている例としては,聴覚と視覚刺激が空間から同時に与えられた場合,視覚信号が優先される現象がある。

映画館で俳優の声は,天井や後方,スクリーンの左右に設置されたスピーカーから発せられているにもかかわらず,俳優自身の口からことばが生み出されていると錯覚をする。これは,腹話術効果と呼ばれ,人形使いの抱えた人形が,口を動かし話しているかのように感じる現象と同じである。

一方,音響学の解釈によると,注意・注目の対象が映像の中の人物や人形であるため,その方向を見ており,聴覚の全方向性に

対して,視覚の一方向性を示すものとされている。

多方向から聞こえる,空間的に食い違う音声信号に対しては,視覚の影響は非常に少ない,または,音源を探し求めてきょろきょろと眼球を動かす。そのため,視聴覚信号が空間で同時に対立を起こしたときには,視覚信号を確認した上で音声情報の意味付けが成される。

たとえば,押し入れの隅や,茂みの奥からカサコソと物音が聞こえてくると,その方向に視線を向け,大きなゴキブリや器量の良い野良猫が現れることがある。

2. 顔の音声情報

会話中は,話し相手の舌や唇の動きといった視覚刺激が存在する。音声言語を理解するためには,視覚情報源としての顔がどのような影響を与えるのかについて,雑音の中の音声知覚と,聴覚障害者の言語理解の観点から多くの見解が提唱されてきた。

2.1. 口の動きを見る

心理学の実験によると音声言語の理解には,視覚情報が重要な役割を担うとされている。

たとえば,英語母語話者は,騒音の中では相手の口を見ることによって,意図された単語をより正確に知覚することができる。また,複雑に入り組んだ構文や意味内容を含む発話,外国人訛り

の発音を理解する際にも，視覚の促進効果が確認されている。

英語では，口の動きを意識的・無意識に見ることによって，視覚信号が聴覚信号を補填するものと考えられている。そうした補填処理は，聴力低下時や，相手の声が不明瞭な環境下での意味理解の助けとなることが示されている。

英語の発話では，母語話者は唇を読むことによって，音声言語の約30％が理解可能である。さらに聴覚障害者の調査からは，訓練と推測によって80％近くが解読できるとされている。また，講義や講演，スピーチなどでは，話者の口の動きを見ることによって，理解が促進されるとも言われている。アニメーションや音楽ビデオで，実際に聞こえてくる音声の口形を見るほうが，音声とずれていて一致しない口の動きを見るよりも，しっくりしていて違和感がなく自然である。

実験室の研究としては，視覚と聴覚信号が合成される現象が確認されていて，マガーク効果と呼ばれている。耳からは，/ba/の音を聞き，画面からは/ga/の口の構えを見ると/da/と聞こえたように錯覚するものである。これは，調音位置が/ba/と/ga/の中間位置の音節として脳内で合成された結果である。

この現象は，被験者が老若男女を問わず誰であっても，無意識に確実に生じることから，聴覚と視覚的な調音刺激は，情報処理過程の早い段階で統合されると解釈されている。音声言語処理における視聴覚信号の融合については，大脳皮質聴覚野が音声言語のみならず，唇の動きや，調音動作を見ることに対しても反応す

ることが確認されている。

　また，聴覚障害者の言語処理に関する脳科学からの研究成果によると，手話言語の処理に当たっては，視覚信号である手話に対して，聴覚野が活性化されることも報告されている。言語は音声信号を基盤としているため，手話言語に対しても抽象的な音声信号に脳内で変換されると仮定されている。

　マガーク効果は，被験者が聴覚と視覚の信号が一致しないことに気付いていない場合と，気付いている場合の両方で発生することも観察されている。その結果，音質の良し悪しや，知識の有無が視聴覚信号の統合過程に，関与しないと解釈されるようになった。この現象は，視覚理論においても広く知られている。だまし絵や錯覚は，知識と見え方が異なることを示している。

　たとえばMüller-Lyer錯視では，同じ長さの線に対して閉じる形（＜＞）を付けると，開く形（＞＜）よりも短く見える。

　心理学ではこうした事例を根拠として，感覚器官と脳内に保存されている知識や概念の独立性（モジュール性）が提案された。

2.2. 赤ちゃんの視線

　言語習得の過程では，乳児は音に対して注意を傾け，母親の顔をじっと見つめ，同じような口の動きをしようとしている。

　たとえば，アの音は口が大きく広がり，イは唇が横一文字に引かれ，ウは唇が丸くなることを乳児は見ている。そのため，イの音を聞くと自分も唇を横に動かし，アの音を聞くと口を大きく開

く動作をすることがある。

　乳児は，聴覚刺激を受けることによって，視線の先で動く口と，聞こえた音とを結び付けていく。自分の口も同様に動かすことで，聞こえてきた音を同じように発音することができると模倣をしている。

　このように，唇を含めて顔の動き全体の真似をしながら，音声言語を習得していく過程では，聴覚，視覚，筋肉運動を感じ取る触覚といった，複数の感覚器官がかかわっている。

　模倣を可能にする脳内メカニズムは，ミラーニューロンと考えられ，人類が進化の過程で獲得した，非常に高度な驚くべき認知システムである。模倣は学習全般にわたって，根本的な役割を担い，言語習得や運動機能を向上させるために欠かせない根源的な行動である。模範を基に同じ動作を行うことは，書道，茶道，教師の動作とともに身体を動かす体操など，身の回りには，模倣を前提とした多くの学習が繰り広げられている。

　音声言語では，唇の動きを読むことによって，心的辞書にアクセスするための音声的な情報を得ることができるので，顔を見ることは，乳児の知覚経験の中で重要な位置を占めている。乳児は話しかける人々の顔を見て，発せられる音声を聞くことと，周囲に見えているいろいろなものを指さすことで，音と意味とを結び付けていく。

　特記事項として，先天性全盲の乳児は，顔を認識することはできないが，正確な調音動作を聴覚のみから習得する。多くの視覚

障害者は口の動きを見ることができないため，視覚による聴覚や調音の促進効果については，傾向であって絶対に必要な要件ではない。正確な発音は，主に聴覚器官によって達成されること（第2章4.2節で詳述）の有力な事例と解釈されている。

2.3. 外国人訛りの視覚特性

人間は，母語と外国語の知覚において，聴覚に加え視覚情報も活用している。従来からの研究では，雑音の中や音質が不鮮明な状態といった特殊な環境下では，言語理解のために口の動きなどの視覚情報が手掛りとなることが示されてきた。しかし，音声信号がクリアな場合でも，視覚情報を活用していることが報告されている。

最新の音声学の研究では，外国人訛りの知覚に視覚情報が影響することが検証されている。外国語学習者は，聞こえてくる音声が不鮮明な状態の場合だけに，視覚情報を活用する傾向が強く見られる。

一方，母語話者は，外国人訛りの発話を正確に理解する上で，聴覚と視覚の融合を行っている。英語母語話者は，学習者の口の動きに注目し，発音の特性を理解しながら，意味内容の把握に努めることが分かっている。このことから，母語話者と外国語学習者の聴覚と視覚の関係性の相違点と，これに基づく学習への示唆が検討されている。

言語処理における視覚情報の活用の仕方は，母語習得過程で学

習されていくものであり，言語ごとにその活用法や選択法の傾向が異なっている。日本人や韓国人の英語学習者は，相手の顔や口を見ることは少ないが，/f/ や /r/ の聞き取りが視覚情報によって向上する。また，英語母語話者は，相手の口の動きを見ているので，日本人や韓国人の口の動かし方が小さいために，理解容易性が低下するとも報告されている。

英会話では「相手の目を見て話しましょう」と助言されてきたが，音声コミュニケーション研究では，相手に口形を見やすくするための指導であるとも解釈されるようになっている。

つまり，聞き取りや発音の学習過程において，母語話者との対面学習や，母語話者の口の動きを再現した映像を積極的に活用することが，音声の理解と表出により効果がある。特に，10歳位以下の具体的操作期にある小学生は，無意識に教師の口の形を注目するため，正しい口の構えではっきりと発話して，教示することを心掛けなければならない。

3. 間違いのない確実な信号

聴覚と視覚の融合は，どちらか一方だけの知覚では得ることのできない確実性を保証している。ある調音動作に対して，聴覚と視覚で統合しながら信号を処理することは，精度の高い，深い理解を可能にする。つまり，文字と音，表情や行動と音，映像と音声など言語内容に対して補い合い，重複する情報を伝達すること

ができる。

　こうした複数の感覚器官による統合は，知覚と動作の，学習と制御に必要不可欠である。視覚や聴覚を失った視覚障害者と聴覚障害者は，さらに触覚を加えることによって認知処理の正確さを高めている。音声言語が表す聴覚と視覚の信号を，的確に処理する能力は，生きて行くための生命線である。

3.1. 多感覚に働きかけるコミュニケーション

　人間の意思疎通では，音声言語の知覚と表出という言語的側面と，身振り手振りなどの非言語的側面が核となっている。話し手の意図や感情，話題に対する見解などを，複数の感覚器官からの信号として送受信を行っている。聴覚情報として相手の声の調子，視覚情報としては，表情やふるまい，触覚情報では，空気の動き，気配，接触などが挙げられる。

　たとえば，地下鉄の構内アナウンスが流れる前に，電車が接近してくると風の動きを触覚で感じ，ゴーと聴覚がとらえ，遠くに光るヘッドライトの明かりを見て，車体の入線を視覚で確認する。ヨーロッパでは，こうした人間の感覚器官の働きを重視して，騒音源となり得るサイン音や，言語情報を最小限に留めるべきとの考え方もある。日本では，複数の情報が大音量で流され，音声の干渉による断片化のために，理解困難に陥る場面が多い。

　人々の間で社会的，生理的な側面が伝達される聴覚，視覚，触覚の働きを解明することが，現代のコミュニケーション研究にお

いて不可避となっている。

近年の視聴覚の研究成果は,音声学習やパソコンを媒介としたコミュニケーションを,より自然で現実的なものにするために応用されている。こうした基礎研究は,銀行や役所などの案内画像やロボットに見られるように,コンピューターで合成された表情豊かな顔や,適切なしぐさとともに,ことばを話す技術に応用されている。

3.2. 聴覚器官と加齢

聴覚,視覚,触覚は加齢とともに変化していく。高齢者は,音声識別,距離感覚,触覚の正確さ,さらに反応や記憶保持などの時間感覚が減退する。

聴覚器官は,会話,機械や自然からの音を的確にとらえるために,さまざまな周波数帯の音に敏感に反応している。しかし,比較的若年齢時から,高い周波数帯が聞こえにくくなり,30歳以上の男性では,女性よりも聴力が劣っていると言われてきた。45歳以上の46%,80歳以上の90%の成人が,なにかしらの聴力低下を抱えている。

女性よりも男性のほうが,職業や雑踏からの騒音の影響を受けている傾向が見られる。教師などの,常に大声で話す仕事に就いている場合や,咳払いの癖がある人は,男女問わず音の大きさへの敏感度が低下することがある。女性の社会進出が進んでいる今日,性差は以前ほど顕著ではなくなっており,女性であっても聴

力は悪化している。

　加齢とともに，無意識のうちに音の周波数を識別する能力が悪化していくため，音声の認知に不自由をきたしてくる。人間言語には，4000ヘルツ程度の高い周波数帯が含まれており，声の高い女性や子供の声は聞きづらくなる。

　さらに，音の速度や間に対して反射的に対応することが難しくなり，反響音や複数の音で溢れる雑音の中はもちろんのこと，日常生活のあらゆる場面では，生命の危険が常につきまとう。

　そのため，生活の質の向上に向けて「高齢者にやさしい社会」を掲げ，聴覚，視覚，触覚の複数の感覚器官に働きかける電化製品や車の開発が推進されている。

　たとえば，病院内での呼び出しベルや，電話に採用されているように，大音量で呼び出し，光で点滅して文字表示で知らせ，激しく振動して確実に感覚器官に伝達することを目的としている。

4. 音の情景

　日常生活では，視覚だけではなく，聴覚によっても物体の位置関係や動きを認識している。電気自動車の接近を感じ取る場合，比較的高周波数のモーター音に基づいて，接近距離や方向，車体の大きさなどを推定している。

　音声が，どこから発せられたのか，音源を認知する場合，左右の耳に音が到達する時間と強さの微細な差異で，場所や距離関

係，移動や速度，形状や質量などを判断している。

　音が持つ情報は，前方や後方，高所や低所，角度などの空間認知にかかわる要素を含んでいる。耳介，耳管，頭，胴などが，空間のさまざまな方向から飛び込んでくる音の周波数や，強さを変化させ，これらの音情報を頼りに位置を認識する。耳に入力される音事象は，通常複数の音が含まれており，それらを正しく識別することによって，位置関係を含めた空間のイメージが作られるのである。

　一言で「滝」といっても，近所にある小さな神社の白糸の滝，那智の滝，ナイアガラの滝，そのスケールは全く異なっている。視覚では一目瞭然であるが，聴覚の持つ情報は計り知れない。視覚障害者は，水量，水の勢い，高低差，滝の巾，空気や水が作り出す霧や振動，温度差などを聴覚と触覚から感じ取り，イメージを形成する能力が研ぎ澄まされている。このように，視覚だけではなく，情景を聴覚でも豊かに創造することができるのである。

　同様に，音から色を感じる色聴（けたたましく，甲高い声を黄色），形から味を感じたり，動きや音から接触された感覚を抱いたりするなどの共感覚は，五感の融合による認知処理を物語っている。

　聴覚の補填効果は，音声信号が消えたり薄れたりした場合に，無意識に代入される現象である。そのためには，異なるさまざまな音声の記憶が経験として蓄積され，音が持つ情動的側面としての親密度が，確保されていることが必要となってくる。聞いてい

る対象を知っているときには,その音を溢れる他の音から抽出することができる。こうした現象は,音響学では音脈の研究の一環として注目されてきた。

　全く新しい音は,何度かその音を聞くことによって,知覚することができるようになると,実験研究から明らかにされている。つまり,新しい音は複数回あるいは一定時間,聞くことによって親密度が形成され,長期記憶に保存される。その結果,正確に認知することができるようになり,このことからも人間の聴覚器官が,高い適応能力を保持していることを示している。

5. 触れることで視る

　人間の感覚器官は,環境からの刺激を受信し,さまざまな活動の中で意識的・無意識にその行動を方向付けて維持する役割を担っている。脳は一つの感覚器官からの信号では,明確化することが不完全な対象に対して,複数の感覚器官で最適な判断を下すための情報を常に収集している。

5.1. 触覚とはなにか

　視覚と触覚の情報は,目と皮膚から別々の系統で脳に伝達される。大脳には,視覚と触覚の独立した処理基盤が存在しており,視覚野と体知覚野を構成している。視覚と体知覚の情報を統合するには,さらに高次の脳部位が担当する。

物体の特徴を，脳がどのように処理をしていくのかに関しては，認知科学の分野で意欲的に研究されてきた。三次元の物体を認識する際に，外見や重量が大きさを決定付ける上で不可欠であり，触覚が重要な役割を担っている。

たとえば，重さの判断については，視覚的な思い込みから小さい物ほど軽く，大きな物は重いという先入観で実際とは異なることがある。また手触りや感触についても，ザラザラ，ゴツゴツした風合いと思っていても，そうではない質感のことがある。そのため，素材のさまざまな特徴は，視覚では不十分で触覚で正しく知覚し直す。衣料品を吟味，比較する場合，指先で感触や肌触りを，習い性のように確認する光景をたびたび見かける。また，圧迫感や風通し，温冷の感覚の度合も触覚で認知する。

5.2. 指で読む

点字で読むためには，微細な触覚刺激を指先で感知して，音声言語を表記する文字形式に脳内で変換し，意味を持つ語彙と結び付けていく能力が必要である。点字の知覚処理は，体知覚システムに仲介されて，文字認識を担当する視覚・空間認知システムが貫徹する。触覚と視覚のシステムは，両方とも形をとらえるために活性化されるが，視覚系統が障害している場合，触覚系統に全面的に依存することになる。大脳の視覚野が触覚情報を処理すると報告されている。

このことから，晴眼者が空間情報を処理するための触覚システ

ムを，視覚障害者は視覚情報処理に活用している可能性がある。こうした脳機能の変化は，学習というよりは，感覚器官からの信号の伝達経路が，組み変わっている結果であると解釈されている。文字の認識においても，触覚系統がより重要な役割を担うことになり，大脳後頭葉の可塑性，柔軟性が点字学習を可能にしている。

6. 概念と心的表象

　概念は脳，心，精神の理論において，最も根本的で本質的な要素である。人間は，現実世界を理解するために豊富な概念を共有し，たとえば，極楽浄土，無限，銀河といった概念は，言語で表現して形式化され，意味内容として存在する。脳内に記憶されている概念は，人類の進化と，知性が生み出した文明，個人が学び得た知識の集積体である。

　現実世界の知覚は，心や精神を統制する脳内の神経組織の活動状態によって形作られる。こうした神経組織は，聴覚や視覚，触覚，嗅覚や味覚，抽象的な思考やイメージなど，異なる感覚から伝達された情報や経験を表象する機能を果たしている。

　自己の神経組織をどのように組み立てていくのかは，他者とのかかわりに影響され，現実世界の経験に対する主観的解釈が作り上げられていく。コミュニケーションは，こうして作られた心的表象が，人々の間で共有されていく営みである。

6.1. 概念とはなにか

概念とは,思考の集合体,信念の構成要素,純粋な知識であり,それらの多くは言語,数式,絵画や音楽,オブジェなどで表象することができる。表象とは,内容を持ち,具体的,抽象的な対象物・特性・出来事を指し示す神経組織の状態であり,その内容物の間にある共通性を内包している。分類された要素の間に存在する心的表象が,概念と一致することが多い。

心的表象の種類

感覚表象	感覚・知覚(聴覚,視覚,触覚,嗅覚,味覚)
概念表象	心・精神・脳の概念生成
言語表象	単語や表現形式などの語彙

たとえば,「猫」の概念は,さまざまな猫から連想される思考や信念の抽象的な表象であり,分類された猫とは,現実世界の具体的な猫から構成されている。

つまり,概念とは脳内に記憶されている心的表象であり,分類物とは,現実世界に実際に存在する集合物である。分類を行うには,それに相当する内容物が,具体例を伴った概念によって表象されて,認知システム上に搭載されている必要がある。

動物に遭遇したとき,認知システムは予備的な観察を開始し,音,大きさ,形,色,手触り,臭いなどの情報を収集する。そう

した観察記述が脳内の概念と比較され,「猫」の概念と一致するかを照合した上で猫と分類する。

　概念と言語との関係性については,長年にわたって意味論で中心的に論じられてきた。「猫」とはいったいなにか,意味論で問われるこの問題に対して,「ことばの意味は,定義や視覚のイメージである」という一般的な答え方がある。

　認知科学の立場からは,猫のイメージを想像したり描いたりしても,あまりにも具体的であり個々人によって異なっていて,果たしてどの特徴が,「猫」の意味を規定するのかは不明確であり,その結果,定義もできなくなってしまうと指摘されている。

　しかし,ことばの定義を探し求めなくとも,誰しもが,猫を見れば猫と認識をする。

　認知科学では,視覚情報から概念を抽出する心的処理は,以下のように進められていくと考えられている。

物体を知覚する行為の中で,外形や外観と,位置や距離などの空間的な情報が,空間認知システムによって認識される。

⇩

抽象化された空間表象が,概念構造にアクセスする。

⇩

空間表象と概念構造が結び付けられて,長期記憶に保存されている物体の特徴を概念と照合する。

⇩

> 概念は,(音声化された)心的辞書にアクセスする。

⇩

> 物体が脳内で言語化され,ことばを用いた表出が可能となる。

　空間表象と概念構造は,脳内ではそれぞれ別々に独立して保存されている心的表象であり,無意識の領域に沈んでいる知識体系(暗黙知)である。この過程の中で,意識に到達することができるのは,物体を知覚する行為と,発音や文字をとおして表出される音声・文字言語である。

　つまり,「猫」の意味は無意識であることから,猫を見れば猫と認識をして単語で表現すること以外に,意識化することは叶わないのである。

　概念と言語の関係は,単純に一対一で対応できるものではない。一単語ではなく,複数の単語の組み合わせによって概念を説明することがある。また,全く言語化することができない概念もある。さらに,異なる言語間で概念の表出方法は,独自の特徴を持つため,一語で翻訳ができない場合もある。

　たとえば,五感をとおして感じた刺激や感覚器官の働きなどは,ことばで表現し尽すことは困難である。写真などで実物を見たり,実際に音を聞く,触る,臭いを嗅ぐ,味わう,といった直接的な経験で認識して,理解することができる。

　このことからも,語彙は概念のシステムのごく一部であり,言

語化される概念は，現実世界で無意識に表象する概念の部分的側面に過ぎず，ことばの限界がここに存在する。

認知科学における概念

概念	・脳内の信号処理を経て，心的に処理される思考や信念などの表象を象徴する。
分類	・脳内でグループ分けされた要素の集合体。
心的表象	・脳内の有限の手段として，思考を構成する内的な記号や符号の体系。考えることや意味を表現することは，これらを操作した結果である。 ・内容語の意味とは，ある種の要素。 ・文の意味とは，ある状態・状況の心的記述を与える概念である。

6.2. 概念の主要理論

言語と思考のかかわりといった内的，外的世界の意義については，哲学で深く論じられている。概念は，思考の構成物であり，精神の支柱である概念がなければ，思考は存在しないとする立場がある。

この立場によると言語は，本質的に精神世界と結び付いていると主張されている。哲学，意味論や語用論の分野では，概念を巡って活発な論争が繰り広げられている。

6.2.1. 古典理論

ほとんどの概念は，必要十分条件で命題化可能な心的表象であり，感覚や知覚に基づいた記述，定義が可能である。

定義が可能な概念は，それほど多くはない。特に語彙の中には，定義として脳内に貯蔵されているわけではない概念が，実験的に示されていて，赤や青といった色彩などの要素概念は，直接的な定義は困難である。

さらに，説明できなかったり，渋いを苦いと思い込むように，誤った認識に基づく概念が形成されることがある。そのため，概念をことばで定義できるかといった知識体系で，説明することはできない。(数式による定義の可能性はある。)

6.2.2. プロトタイプ理論

多くの概念は，その物体が持つ特徴を指し示す心的表象であり，典型的な具体物や事象によって例示される。

プロトタイプ，つまり典型的な例という考え方では，多くの概念は典型物や具体物を含まないため，根拠を示すことが不可能な場合がある。

さらに，典型的とは思われない事物を，概念が内包することがある。ペンギンやコウモリ，イルカを，鳥や哺乳類の具体物とは認識しないという論争は有名である。複数の特徴が組み合わさっている概念については，それぞれの概念の典型物の特性を組み合わせても解き明かすことができないことがある。

6.2.3. 理論理論

概念とは，事象や出来事を統一的にとらえる普遍的な体系としての理論である。こうした脳内にある抽象的な心的理論によって決定される，概念間の関係性で表象が作られる。

不完全で不十分な誤った心的理論に基づいて，概念が形成される可能性があり，概念の内容は，心的理論の変化に対して不変であることもある。新しい科学的な理論の創成や，理論間の変遷をもたらすメカニズムについては，解明されていない。

6.2.4. 新古典派理論

多く概念は，部分的に定義される心的表象であり，必要条件で命題化される。

部分的な定義が，完全な定義に置き換わる場合は，古典理論と同様の問題を抱えることになる。不完全な定義は，非常に曖昧であり，命題として成立しない恐れもある。語彙が文脈に応じて，さまざまな意味を持つことに対して，一つの命題を用意しても説明できない。

6.2.5. 原子論

概念を心的要素や素性の結合で説明する。この立場では，脳内の心的要素の多くが生得的であると主張している。

しかし，コンピューターや宇宙といった概念は，後天的に学習されるものであるという疑義が唱えられている。概念が心的要素

の結合体である場合，分類の方式について体系的な説明が必要となる。この理論に対しては，人間の直観的な分析能力について，十分な説明が求められている。

6.3. 概念の記憶基盤

近年の認知科学では，概念の表象を保存し活性化する記憶基盤に対し，二つのシステムを仮定している。意識化することが不可能な潜在記憶に保存され，言語化することのできない暗黙知と，意識的に操作をすることが可能な顕在記憶に保存され，ことばで説明することができる形式知である。

概念が遺伝子レベルで与えられているという原子論の立場によると，赤や丸いといった表象を生まれ付き有しており，現実世界の赤い色や丸い形の物を経験する以前から，認識できる素地が備わっている。つまり，色彩や形式の表象を作り上げる機能は，感覚器官から信号が入力されるまでは，活性化されないまま保持されていると仮定している。同様に，母語の言語知識（語彙や文法）を無意識に習得するための仕組み（言語習得装置）も，生得的に付与されている。

人間が発達段階で無意識・意識的に行う学習は，現実世界の表象を脳内に作り上げていく過程であり，感覚器官からの入力刺激が基になっている。

さらに人間は，無意識の領域で認知機能を支える暗黙知に加えて，学習や経験をとおして新しく表象を作り上げる能力を持って

いる。こうして創成された形式知は，感覚器官とは質的に異なったメカニズムも担当することになる。

6.3.1. 暗黙知と表象

　暗黙知は，無意識の世界に概念を豊富に内包していて，知覚や感覚運動の信号を意味に変換し，自動的に行動制御を支え，推測や推論，判断を司る高次なシステムと交信を行っている。また暗黙知は，聴覚，視覚，触覚，嗅覚，味覚といった，生得的な知覚処理メカニズムによって作り出された感覚表象を，概念として体制化している。

　人類の進化の過程では，入力される信号と概念の取捨選択が成されてきた。系統発生は個体発生を繰り返すとするならば，人間の生存にとって，必要な要素だけが暗黙知に保持されて一生機能し続けることになる。

　暗黙知は，習得メカニズムとしても活用され，発達の過程で無意識に精巧に作り上げられていく。ある年齢を迎えると成熟し，安定した状態が保たれるようになり，発達の臨界期と解釈されている。形式知は，後続する刺激や多量の信号によって書き換えられたり置換，消去されることもあるが，暗黙知はこうした影響を受けにくいとされている。生得的な遺伝子プログラムを付与された感覚器官が，表象を決定していくからである。ただし，中高年になってからの新たな学習（運動，楽器演奏，創造的活動など）は，活性化されずに保存されていた暗黙知に働きかけた結果であ

るとも解釈されている。

人間は,現実世界の様式を接触量や接触頻度に基づいて学習していく。こうした知識の多くは,無意識の領域に沈んでいて,言語化することは不可能な暗黙知である。子供は,環境からの刺激に反応する方法を学習すると,より速く正確に対処して,出来事の連続体として次の行動を予測,予知することができるようになっていく。

身近な例としては,はいはいをしていた乳児が,つかまり立ちを始め,立って歩くようになり,やがては転倒をせずにバランスよく歩き回り,いつの間にか走ることができるまでに発達していく。しかしながら,どのようにしてこうした行動様式を獲得しているのかについては,暗黙知であることから,自分自身のことばで説明することは見当がつかない。

6.3.2. 形式知と表象

形式知は,言語や数式,図表などを用いて説明し,表現することができる。こうして意識的に符号化するシステムは,学習や経験によって定着していくものである。これらは生得的ではなく,認知発達段階によって変化し常に更新され,書き換えられていく知識体系である。暗黙知の一部は,言語や数式などの符号システムによって対象物として意識化され,形式知となってさらなる学習のために活用されていく。

たとえば,暗黙知である母語知識に対して,主語や五段活用な

どといった言語を説明することば（メタ言語）を使用して，形式知として学習を深めていく。形式知としてのメタ言語は忘却してしまっても，暗黙知である母語は失われない。

　形式知は，精神生活において独自の役割を担っている。暗黙知が担当している反射的行動を超越した，因果関係，説明，予測や推論，最善の判断など，高次の認知活動を支えている。信念や信条，思想といった表象は，社会的，文化的，教育的に作り上げられていくものである。深い知識に裏打ちされた豊かな人生を創造するために，形式知の量と質，さらにその運用方法が人間性を左右していく。

6.4. 概念の投射と入力・出力信号

　認知処理に関する医学・生理学研究では，聴覚，視覚，触覚，嗅覚，味覚を，独立した別個のシステムとして研究，解明が進められてきた。

　一方，認知科学は，人間の情報処理過程を総合的に探究して，その成果をさまざまな分野で応用することを射程に入れている。旧来の学問領域を超越して，学際的に研究が推進されている。本書においても，多感覚処理の中に聴覚を位置付けて，情報入力から概念化に至る一連の処理を考察してきた。

　たとえば，音を聞く行為を説明するためには，内耳の機能を調査するだけではなく，視覚や触覚などの他の感覚器官の働きも考慮に入れるほうが，実態に即している。現実世界において，人間

の感覚器官は多くの場合，同時に複数の信号をとらえ，複眼的に情報を解析して行動を制御しているためである。こうして空間表象と概念構造が統合された情報が，平穏でなにげない日常を支えているのである。

認知システムとしての言語は，音声信号である音連続，視覚信号である文字と手話，触覚信号である点字や手書き文字から入力されて，構造処理を経て意味が理解され概念化へと至る。このシステムは，処理系を中心に，入力系と出力系の間で自由に行き来している。言語処理は，音から意味，意味から音へと高速で正確な信号変換が複数の感覚器官の間で行われている。

音声言語を受信すると，連続した音声の入力刺激をいくつかのまとまりへ分割し，長期記憶に保存されている抽象的な音声表象（音韻規則）を活性化させる。音声表象は，概念の中にある心的辞書を活性化させ，数100ミリ秒以内に理解に達する。自然な速さの音声言語は，1秒間に4個から7個の音節を表出することから，心的辞書を経由した意味理解は200から300ミリ秒以内で完了する。

音声連続から，単語や表現の形式を認識することは，処理系を支える言語知識（統語構造と意味概念構造）を活性化させるための入り口の段階である。語順に基づいて出来事の解釈が成され，概念との交信が行われる。こうした一連の言語情報処理は500ミリ秒で完了する。

言語処理に必要な認知メカニズムは，形式処理（音声，文字や

点字,手書き文字,手話),統語構造処理,意味概念処理の三つのレベルで構成されており,脳機能はそれぞれが独立していると考えられている。認知科学では,感覚運動器官と脳機能の融合から言語をとらえ直すことにより,巨視的な人間理解への貢献を目標としている。

以下に,入力系から処理系に至る,情報処理の認知メカニズムを整理してみる。

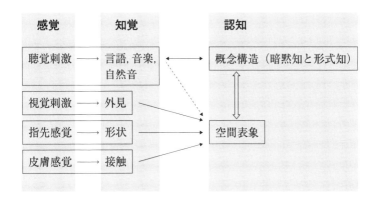

第 4 章

英語音素の記述と学習上の諸課題

はじめに

　英語と日本語の音素体系は，大きく異なっている。特に母音は，英語のほうが日本語よりも細かい対立を見せている。英語の変種は母音に特徴的な変化を持っているため，音声学習上の重要な観点となる。

　しかし現時点では，簡易な技術を用いた母音の学習教具と，指導法が完成していないことから，子音に比べて困難性を克服するための対処が遅れている。母語に母音が少ない日本人英語学習者にとっては，考えあぐねる頭の痛い現実である。

　さらに英語は，音節，強勢，韻律が日本語とは異なる構造を持ち，独自の音韻規則を有している。その結果，母語を転移させた「日本人英語」として，国際的に広く知られた独特の英語発音を生み出している。

　本章では，母音と子音の調音コントロールメカニズムから検討を加え，母音の主要な学習方法を紹介する。その上で，外国語学習において頻繁に生じる，母語同一化音声処理について詳述し，その典型例としての「日本人英語」について再考したい。

　音響データは，Ball and Müller (2005) より著者からの快諾を得て掲載する。音響データの多くは Alan Cruttenden 氏からの提供であると Ball 教授は申し添えている。また，母音と子音の記述は斉藤純男著『日本語音声学入門』，英語学習上に現れる母語同一化音声処理については拙著『学びのための英語学習理論』

を参考資料とした。なお，調音の詳細な記述は紙幅の都合により割愛させていただいた。

1. 母音

　母音は，音声言語の根幹を成している。音節は母音を基にして構成されることからも明らかなように，強勢や韻律といったすべてのレベルで核となる要素である。母音の頻度は極めて高いため，正しく知覚して発音することが，母語習得と外国語学習では根本的に課せられた問題である。

1.1. 母音・子音とはなにか

　音声言語の主要な対立要素は，母音と子音である。母音と子音の音声学的な定義は，子音は調音器官の接触や動作を含むことに対して，母音は調音器官の接触が小さい。そのため母音は，どの位置でどのように音を作り出しているのかを，感じ取ることが困難であるため，調音による記述が難しい。

　母音は，唇の丸めの有無（円唇，非円唇），舌の最高部の前後（前舌・中舌・後舌），舌の最高部の高低（狭・半狭・半広・広）で区分する。口腔内の比較的広い部分で作られるので，舌の微妙な動きや唇の形の違いが影響して，異なる母音を生成する。調音器官が大きく接触する子音では，自分の感覚で位置や動きを感じ取ることができるので，調音による分析手法が一般的である。

1.2. フォルマント

母音は複雑な音響特性を持っていて，スペクトログラフで計測をすると，高さの異なる複数の周波数によって構成される音の響きである。

母音には，特徴的な周波数の集中帯（フォルマント）が存在していて，フォルマントは声道内の共鳴に該当している。つまり，口腔と喉の大きさと形が，周波数を生み出す共鳴を決定し，これらは，舌の位置によって強い影響を受ける。母音は反響度が高いので，少なくとも二つのフォルマントが存在している。母音は，子音よりもエネルギーが強いので，音が大きくなる。

母音ごとのフォルマントの違いは，聴覚器官が知覚する度合とは一致しないことが報告されている。周波数が近接したフォルマントは，聴覚器官で一つに統合され，二つのフォルマントの平均値周辺で知覚される。母音とフォルマントの周波数には，厳密な一対一の関係性はないが，さまざまな母音の間で曖昧とも思える境界は，聞き手にとって問題ではない。

世界の言語には，28程度の母音が存在するが，人間が識別と発音を無意識に造作なく行っていることは驚くべきことである。つまり，母音間の周波数の違いや，類似性を補正する能力が聴覚器官に備わっていることを意味するためである。

聴覚障害者の中には，周波数帯の受信が障害となっている症例が報告されている。特定の周波数を識別する能力が欠損しているということは，母音の知覚に強い影響を及ぼし，フォルマントの

違いを認識することは,簡単には解決することのできない問題である。高周波数帯の知覚が困難な聴覚障害者は,/i/ と /u/ に混乱が見られる。

1.3. 音素の識別能力獲得に向けた病理学的アプローチ

英語を母語,あるいは外国語として獲得する上で,正確な理解と表出に向けた母音の音声学習は極めて重要である。それは,母音の安定が理解可能性を向上させ,ことばの容認度を高め,学習の進歩を加速させ,正常な発達学習過程を保証するからである(第2章3節で詳述)。

子音の誤りに対する研究は,豊富に蓄積されているが,母音の誤りに関する研究は非常に少ない。学習者自身で調音動作を感じ取ることは,子音に比べて母音では非常に難しい。子音を生成するときには,調音器官を強く動作させるので,感覚器官で認識され調音の位置と様式に気が付くことができる。狭母音(/i/ と /u/)を除きこうした感覚は,母音を生成するときには薄れてしまう。

以下に構音障害の治療を含めて,発音学習に採用されている主要なアプローチを紹介する。言語病理学では,特定の音素が発音できないことは,母語,外国語を問わず,克服のために介入・介助を施すべき状態と判断されている。

1.3.1. 聴覚入力アプローチ

聴覚入力アプローチは,学習目標の音素を含む発話を聞くこと

を重視するため,学習者は発話訓練をする必要はないとしている。なぜならば,学習目標の音素を聞く機会が増すにつれて,調音に良い影響をもたらすからであると主張している。

このアプローチでは,教師や介助者は学習目標の音素にさまざまな文脈で最大限の際立ちを与え,明確に発音をして示すことに重きを置いている。つまり,学習者の知覚と調音のメカニズムが親密に関連していて,聴覚が発音動作を無意識に制御することを前提としている。

確かに母語環境下では,常に母語を聞き話すことから,接触量の増加を期待できるが,外国語学習環境下では,聴覚と調音を調整するための良質な音声入力はあまりにも限定されている。

そのため聴覚入力アプローチは,母語での聞き分けと発音が困難な学習者に対して広く用いられている。外国語学習では,母語で確立した発音方法の干渉や転移に対しては,目標言語を聞くだけで抑止できるのかは未知数である。

1.3.2. 言語学的アプローチ

このアプローチの有名な例としては,pen と pin のように母音が一つ,shin と sin のように,調音位置か調音様式の一つが異なる単語の対を指す「最小対立」が挙げられる。学習者はこうした単語や文の対を比較しながら聞いて,聞き分けと発音の学習をする。その上で,実際に運用を経験することが推奨されている。

言語学的アプローチでは,音素の対立を重視して,学習過程に

おいて機械的な訓練に片寄らない工夫が求められている。日常生活の中や，場面，文脈，状況を設定した意味のあるコミュニケーション活動と，発音訓練の統合を目指している。

1.3.3. 感覚運動アプローチ

　感覚運動・調音技術を発達させるためには，集中的で体系的な強化学習を繰り返す，運動学習の原理が重要であると強調されている。こうした訓練は，調音の一貫性を確立して，発音の揺れやバラツキを抑制，克服することを意図している。さらに，訓練の結果についてことばで説明を加え，図や画像など視覚から理解を促し，舌や唇などの調音器官にふれたり動かしたりする。感覚運動刺激として与え，確実性を高めることが大切であると提唱されている。

1.4. コンピューターを用いた自主学習

　近年のコンピューター技術の進歩により，学習者が聴覚と発音の訓練を自学自習できるようになっている。聴解や発音の学習は，到達度の個人差に対して柔軟に対応することができる，コンピューターを採用した自律学習が極めて重要である。ネットワーク環境が整備されパソコンやスマートフォンが普及している現在，予習復習の中に音声学習を取り入れて，日常的な習慣とすることが向上につながる。

　これらの機器の画面上には，ことばと画像による説明によって，聴覚からではとらえきれない諸課題を明示し，改善に向けた

調音コントロールのための指針が表示される。瞬時にこうした情報を入手することができるので，学習者は調音器官の動作に対してモニターを行い，発音の向上を意図して活用することができると期待されている（第2章4.4節で詳述）。

舌の位置を計測する技術は現在開発途上であるが，舌の動きを三次元で表示するシステムは，母音を学習する上で必要不可欠である。医療現場では，構音障害の治療において，舌の位置の正確な測定のために，この技術は用いられている。語学教育においても，教具としての実用化が期待されている。

1.5. 英語母音の発音

母音をスペクトログラフを用いて計測すると，複数の周波数帯（F0～F3）から構成されていることが分かる。これらは影の濃い部分としてスペクトログラム上に表示される。現在，インターネット上には，音声分析に活用するためのスペクトログラフソフトウェアがいくつか公開されている。

下表の標準値を基準として，周波数帯のずれを確認することにより，正しく発音されたかを数値や画像で視覚的に判別することができる。「舌の最高部の高低」とは，母音を発音したときの舌全体の動きを示すもので，舌の高いほうから低いほうにかけて，狭・半狭・半広・広と記述する。括弧を施した表記は，聴覚印象に基づき前後の音素からの影響によって舌の位置が変化することを示している。

・/i/

唇の丸めの有無	舌の最高部の前後	舌の最高部の高低
非円唇	前舌	狭

フォルマント値	F0	F1	F2	F3
男性	138	342	2322	3000
女性	227	437	2761	3372
子供	246	452	3081	3702

・/ɪ/

唇の丸めの有無	舌の最高部の前後	舌の最高部の高低
非円唇	（前舌）	（広めの狭）

フォルマント値	F0	F1	F2	F3
男性	135	427	2034	2684
女性	224	483	2365	3053
子供	241	571	2552	3403

・/ɛ/

唇の丸めの有無	舌の最高部の前後	舌の最高部の高低
非円唇	前舌	半広

フォルマント値	F0	F1	F2	F3
男性	127	580	1799	2605
女性	214	731	2058	2979
子供	230	749	2267	3310

・/æ/

唇の丸めの有無	舌の最高部の前後	舌の最高部の高低
非円唇	前舌	(狭めの広)

フォルマント値	F0	F1	F2	F3
男性	123	588	1952	2601
女性	215	669	2349	2972
子供	228	717	2501	3289

・/ɑ/

唇の丸めの有無	舌の最高部の前後	舌の最高部の高低
非円唇	前舌	広

フォルマント値	F0	F1	F2	F3
男性	123	768	1333	2522
女性	215	936	1551	2815
子供	229	1002	1688	2950

・/ɔ/

唇の丸めの有無	舌の最高部の前後	舌の最高部の高低
円唇	後舌	半広

フォルマント値	F0	F1	F2	F3
男性	121	652	997	2538
女性	210	781	1136	2824
子供	225	803	1210	2982

・/ɒ/

唇の丸めの有無	舌の最高部の前後	舌の最高部の高低
円唇	後舌	広

フォルマント値	F1	F2
男性	593	866
女性	602	994

・/ʊ/

唇の丸めの有無	舌の最高部の前後	舌の最高部の高低
円唇	(後舌)	(広めの狭)

フォルマント値	F0	F1	F2	F3
男性	133	469	1122	2434
女性	230	519	1225	2827
子供	243	568	1490	3072

・/u/

唇の丸めの有無	舌の最高部の前後	舌の最高部の高低
円唇	後舌	狭

フォルマント値	F0	F1	F2	F3
男性	143	300	997	2343
女性	235	459	1105	2735
子供	249	494	1345	2988

・/ʌ/

唇の丸めの有無	舌の最高部の前後	舌の最高部の高低
非円唇	後舌	半広

フォルマント値	F0	F1	F2	F3
男性	133	623	1200	2550
女性	218	753	1426	2933
子供	236	749	1546	3145

・/ə/

唇の丸めの有無	舌の最高部の前後	舌の最高部の高低
非円唇	中舌	(中央)

フォルマント値	F1	F2
男性	478	1436
女性	606	1695

2. 子音

　子音は，声道の一部が狭まったり閉じたりして引き起こされる，声道内の気流の妨げによって作り出される。声門の状態（無声・有声），肺からの気流をどのように妨げるのか（調音様式），気流の妨げが起こる場所（調音位置）によって分類される。調音様式と調音位置についての詳しい説明や図解は，省略させていただいた。

　ここでは，英語母語話者と外国語学習者に多く見られる，頻度の高い子音の誤りの例を列挙して，表に発音特徴を整理する。英語母語話者と日本人学習者とでは，発達段階や母語干渉の影響が異なるため，誤りが一致しないことも確認されている。

2.1. 英語子音の発音

調音位置 \ 調音様式	鼻音	破裂音	摩擦音	破擦音	接近音
両唇	m	p, b			w（わたり音）
唇歯			f, v		
歯			θ, ð		
歯茎	n	t, d	s, z		ɹ, l（流音）
後部歯茎			ʃ, ʒ	tʃ, dʒ	
硬口蓋					j（わたり音）
軟口蓋	ŋ	k, g			
声門		ʔ	h		

2.2. 学習上の困難性

母語習得過程では，音素の識別は比較的早い段階から可能となり，調音器官の発達に伴って，発音の正確さが遅れて向上していく。有名な例は，大人が話すfishの音は正しく認識しているものの，子供はfisと発音する現象や，新幹線をティンカンセンやチンカンセンと発音する期間があると報告されている。

2.2.1. 摩擦音と破擦音

英語では多くの子音が摩擦音に属しており,母語話者は2歳半から7歳の間で習得する。/f/ と /s/ が最初に習得され,2歳半から3歳の間に安定化する。sh の音は発達が遅れ,4歳から5歳ごろまでは /s/ の音で代用する。th の音は頻繁に /f/ の音として発音され,7歳頃でも有声音は /v/ か /d/ で発音される。一部の方言では,th の音が存在しないので thin の音は,fin または tin,there の音は,vair または dair として発音される。

破擦音は5歳頃までは,単純化された調音動作で作り出される。多くの場合,摩擦音で代用するので,chair が shair,または tsair に,jam が zham,または dzam と発音される。

英語母語話者と日本人学習者の誤り例

目標語	子供の発音	日本人英語学習者
fair, leaf	pair, leap	where, whee-who
van, cave	ban, cabe	ban, cabe
thumb, Ruth	tum, root	fum/some, roof/roose
these	gede	dedz, dese, geez
sun, peace	ton, Pete	sun, peace
zip, maze	dip, made	gip/jip, madz
shoe, mash, fish	two, mat, fis	shoe, mash, fish
chin, match	tin, mat	chin, match
jam, badge	dam, bad	dzam, bach

2.2.2. 接近音

　接近音の誤りは，英語母語話者と外国語学習者にも頻繁に見られ /r/ の音が顕著である。/l/ の音は，3歳半までには習得されるが /j/ として発音されるので，yellow が yeyow となる。/r/ は習得が遅く，6歳頃までは正確に発音することができない。

英語母語話者と日本人学習者の誤り例

目標語	子供の発音	日本人英語学習者
light	yight, white	right, white
leg	yeg, weg	reg, weg
road	woad, yoard	woad
rain	wain, yain	wain

2.2.3. 有声音と無声音の混乱

　単語や音節の先頭で，無声音の子音が有声音となったり，単語や音節の末尾で，有声音の発音が無声音化する現象である。主に /p/, /t/, /k/ に生ずる。これは，言語発達に遅滞が見られる子供に生じ，破裂音の一種である閉鎖音や，はじめ・先頭の部分で発音する音素に出現する。健常な子供では3歳までに有声音と無声音を正しく習得する。

音節の先頭		音節の末尾	
目標語	誤りの例	目標語	誤りの例
pen	ben	web	wep
ten	den	bid	bit
coat	goat	beg	beck

2.2.4. 接近音の脱落

単語中で，他の子音に後続する接近音が影響される．英語では頻度の高い音節構造にかかわる誤りである．音節中に子音が二つ以上連続する単語に多い。

たとえば，b, c/k, f, g, p の後に，l, r, w が後続する音節構造である．接近音の脱落が生じた場合は，これらのうち，いずれかの音素が消滅している．

接近音は4歳頃までに習得されるが，音節内の子音連続については，5歳半から6歳頃まで不正確である。brick が bwick, crash が cwash に，flag が fyag と発音される。多くの母語話者や外国語学習者には，子音連続に母音を挿入する現象が頻繁に見られる．

たとえば，brown が burown, clear が culear, floor が fuhloor, green が gureen, play が puhlay と発音される．

目標語	誤り例1	誤り例2
pram	pam, bam	ram, wam
play	pay, bay	lay, yay
brick	bick	rick, wick
blue	boo	loo, you
crash	cash, gash	rash, wash
claw	caw, gore	law, your
grease	geese	reese, weese
glow	go	low, yo
free	fee, vee	ree, wee
flag	fag, vag	lag, yag

2.2.5. /s/ の脱落

単語の先頭で /s/ と子音が連続する単語や，語末でそうした連続が生じる場合，/s/ または後続する子音が脱落する。具体的には，sk, sl, sm, sn, sp, st, sw などである。

4歳頃になると語末の /s/ 連続を習得し始めるが，安定的な使

用には困難を抱える。5歳位になっても脱落は頻繁に生じる。splやspr, strといった,三つの子音が連続する場合, /s/に閉鎖音が後続する場合に見られる。

ただし, spin, stare, skate などは,通常有声音化する傾向がある。無声音として発音しようとすると /s/ の後に,母音を発音しなければならない。そのため自然な発話では, sbin, sdare, sgate と発音するほうがより正確とされている。

目標語	誤りの例1	誤りの例2
smack	mack	sack
snail	nail	sail
spin, crisp	pin/bin, crip	sin, cris
store, mast	tore/door, mart	sore, mas
skip, desk	kip/gip, deck	sip, des
slow	low	sow
sweet	weet	seat
strong	trong	stong
splash	plash	spash, slash

第 4 章　英語音素の記述と学習上の諸課題　　135

3. 母語同一化音声処理

　外国語の音声を知覚・表出するときには，特定の音素を聞き分けることができなかったり，独特の外国人訛りが発話に生じたりする。このように，母語の音声体系からの影響を強く受けることは，誰しもが経験していることである。こうした母語同一化音声処理の現象は，第二言語音声学・音韻論で盛んに観察記述されてきた。

　音声学習では，母語のカテゴリー知覚（第 1 章 3.2.3 節で詳述）を調整して，外国語の周波数帯を正しく知覚する能力が必要となる。日本語と英語は，音素・音節・単語・句や文のあらゆるレベルで音声特徴が異なるため，母語からの干渉や転移を最大限抑制することが肝要である。

　母語同一化音声処理を未然に防ぐためには，初学時から一貫して，母語の音声体系で代用することなく，知覚と発音を学習しなければならない。音声学習には，母語からの影響を受けない独立した外国語専用の音声処理システムを，聴覚器官，脳，調音器官に構築していくことが必要となる。

3.1. 音素レベル

　英語の母音は，日本語よりも細分化されているために，非常に困難な要素となる。母音は特徴上，調音位置と調音様式によって学習していくことができないので，現在は聴覚訓練に依存するこ

とになる。子音のように目で確認できる明確な手法がないため，鋭敏で高性能な，聴覚器官の周波数自動調整機能に委ねる学習方式となっている。母語同一化音声処理に注意を払い，慎重に学習を進めて確実な聞き分け能力が安定してから，舌の動きを調整しながら発音練習を重ねる。

母音の母語同一化音声処理

- アと /æ/, /ɑ/, /ʌ/, /ə/
- イ・エと /i/, /ɪ/, /ɛ/
- ウと /ʊ/, /u/
- オと /ɔ/, /ɒ/

子音は，調音位置と調音様式に基づいて，正しく学習を行っていく。意図的に調音動作を理解することによって，知覚と発音を獲得することが可能である。

子音の母語同一化音声処理

- th とサ・タ・ザ・ダ行，f や v との混乱
- f とフ，v とバ行の混乱
- l や r とラ行の混乱，/w/ 化
- /ʃ/ /ʒ/, /tʃ/ /dʒ/ の正確な区別
- /t/ /d/, /s/ /z/ とツ・ズの干渉
- 明るい /l/ と暗い /l/ の区別，英語らしい r の発音
- /p/ /t/ /k/ の呼気の強さ　　・/w/ の母音化

興味深いことに，全盲の学習者は，鋭敏性を獲得していて，視覚を頼らずに聴覚情報だけで正確に外国語の調音位置と調音様式を識別することが多い。また，発音の誤りは，聴覚から音声を習得する英語母語話者と同様の傾向が見られ，日本語からの干渉が少ないことも報告されている。

　頻繁に確認される例として，晴眼者は th を日本語のサ行やザ行の音と混同するが，視覚障害者は，日本語にはない f や v の音ととらえることがある。歯と唇で作り出される微妙な摩擦の調音動作を，認識できていると考えられている。

3.2. 音節レベル

　基本的に日本語は，子音と母音が組み合わさって一つの音節を構成していて，これは仮名文字として具現化されている。一方，英語は，子音連続が最大三つ許容され，子音で音節が終止する場合も多い。

　日本語を転移させるカタカナ表記，たとえばストライク，スプリングなどは，子音で終わるべき部分に，英語とは異なる日本語の母音を加える，音添加現象を誘引していくため，英語音声学習上は極めて重大な弊害を生ずる。また，ケーキ，テーブル，メークなど二重母音を長音で発音する，カタカナ英語も避けるべきである。言語は，音節が基本的な単位となって単語を形成していくため，音節レベルの誤りは，当該言語の最も基本的なレベルで崩壊をきたし，ことばを成立させる上で致命的と言える（第 2 章 3.2

節で詳述)。

　特に,感覚的に英語音声を模倣して,無意識に体得する小学生に対しては,カタカナ表記による英語指導を行うことは,日本語の音声体系で,英語を代用する習慣を形成してしまう。そのため,深刻なつまずきの素地を生み出す原因となり,最も望ましくない授業実践である。

　入門期の小学生に対して,アルファベットや仮名などの文字を多用することは,形状認識のために視覚に依存して,発達途上の認知システムの負荷が増してしまう。その結果,音声への注意・注目を阻害し,音声能力育成を妨げる影響を及ぼす(第5章4.5節で詳述)。初学時には,聴覚システムの確立を図ることを最優先とするべきである。

3.3. 単語や句・文レベルと呼吸法

　日本語は高低の言語であり,英語の強弱とは韻律体系が大きく異なっている。英語は,単語内に強く発音される部分があり,さらに句や文内に強弱のリズムが発生する。その結果,音声変化,弱形,脱落が頻発し,たとえ簡単な単語連続であっても聞き取りが難しくなり,意味解釈を誤ることになる。日本語の学習では,正確な抑揚が大切であるが,英語ではリズムとそれに伴う音声変化の体得が最重要課題となる。

　最後に外国語学習で見落とされている,言語間の呼吸法の違いについてふれてみたい。肺からの気流の流れが,声道内で空気圧

の差異となって現れ,言語ごとに異なる韻律の響きを生み出す。バイリンガルの話者であっても,二つの言語の発声方法は全く別のものである。文レベルの発音練習中に,突然しゃっくりが出ることは,呼吸法体得に向けた一過程の現象である。

　一方,日本人英語話者の多くは,日本語の呼吸法で英語を発音していくため「日本人英語」が決定的なものとなる。つまり,英語らしき単語や句が,日本語の音声体系に取り込まれた響きの印象を聞き手に与える。さらに,文レベルになると日本語の韻律と区別がつかなくなる。

　読み上げや発話の流暢さと自然さは,母語同一化しない目標言語の呼吸法に基づいた,声道内の反響によって到達する。そのためには,まず始めに,音声連続(音声チャンク)を正確に発音する練習を重ねる。目標言語の母語話者との頻繁な会話をとおして,相手の発声法や呼吸様式と,意識的に同期する経験を積んでいくことによって達成されるものである。

3.4. 「日本人英語」からの脱却

　外国語音声を識別できない,あるいは強い外国人訛りを伴った発音をしてしまう,聴覚・調音器官が未熟なために生じた「聞き取れない・話せない日本人」は,「通じれば良い」とする風潮の,人為的な当然の結末である。

　外国語音声を,母語で代用する知覚と表出を続けていくと,目標言語の音声システムを,聴覚器官,脳,調音器官に創成してい

ないことから，ある段階で限界に達し，再学習の必要性が生じてくる。しかし，母語での代用期間が長ければ長いほど，習慣化して調音動作が化石化してしまい，克服には時間と労力が求められ，あるいは，修復が難しいことも予見される。

そのため，諦めと自己肯定，自尊心から母語話者への拒否反応，正確さや流暢さへの妬みを抱く学習者を生み出す結果となる。こうした予想される事態を未然に予防していくことが，教育現場の責務ではないであろうか。

繰り返し主張，提案してきたことではあるが，最善の策は，母語同一化音声処理を生じない学習を，初学時から上級段階まで一貫して行うことである。人間の聴覚システムは，外国語の音声識別のために聴覚器官と脳機能を調整し，異なる周波数と韻律を受信できるようになる柔軟性が与えられていることは，本書で説明してきたとおりである。

小学生は，無意識のうちに潜在記憶の暗黙知に外国語音声が定着して，後の学習の基礎となる。そのため，文字学習に先行して，訛りのない容認発音（RP）・一般発音（GA）を十分に聞かせ，聴覚システムが安定化してから発音学習を行うべきである。中学生・高校生・大学生・成人になっても，こうした知覚と発音練習で，自ら聞き話すことを継続していく，たゆまない努力が，外国語音声学習には不可欠である。

日本人は，集団で会話を行う「コミュニケーション活動」よりも，個人で着実に，自分が納得するまで独学で学ぶ真面目さや好

奇心，勤勉さを備えている。音声学習は，こうした几帳面な特性を発揮できる領域であるため，若者たちは必ずや乗り越えることができる。

　「日本人英語」には，理解可能性を著しくそこなう致命的な誤りが大量に含まれている（第2章3節で詳述）。「通じない」と，国際社会から一般的・学術的に指摘されている現実を直視して，孤島の日本国内でしか伝わらない音声信号を謙虚に自戒し，克服するべきときではないか。

第 5 章

音声習得と外国語学習

はじめに

　音声は，人の心をゆさぶり，悟し，安堵させる測り知れないほどの力を秘めている。その力を伝える聴覚システムは，自然からの音，音楽，話し声などを，同時に処理することができる万能性を持っている。

　聞いた音に基づいて話す技術は，日常生活において，あらゆる社会的な相互作用の根本にあり，教育や仕事を含めた多くの活動の根幹を占めている。しかし，これほど重要であるにもかかわらず，人々は歩くことと同様，当然のこととして音声言語によるコミュニケーションのメカニズムについては，思いを至らせる機会は極めて少ない。

　現在，日本社会は国際化が進み，以前にも増して国内外で，日常言語としての外国語の必要性が唱えられている。また，日本に暮らしている外国人に対する，第二言語としての日本語教育の充実と教育体制の整備が課題となっている。特に重要な言語機能として，読み書き技術に加えて，聞く・話す力が緊急に求められている。

　この章では，音声学習への基本的な原理を整理し，聴解にまつわる諸課題を概観する。その上で，聞く・話す・読む・書く際に，円滑な外国語処理を遂行するために，中核を担うと考えられているチャンク処理について詳述する。認知科学の立場から，導き出すことができる学習への示唆を提案していく。

1. 外国語音声学習の原理

　外国語音声の知覚と表出に対しては，職場での行き違い，日常生活の場面，学習上直面した失敗談や苦労話が，広く話題にのぼってきた。英語教育の調査によると，発音や自由発話などの表出技能よりも，聴解技能の正確度が段階的に向上する傾向にある。言語の基本的な伝達機能を支える理解と表出過程の解明は，未解決な部分が多く研究者にとっても挑戦である。

1.1. 学習の促進

　聴解技能には，聴覚器官に入力された音声刺激を正確に知覚する解読技術と，語順にしたがって意味を正しくとらえて，文章を解釈していく理解技術の二つがある。これらの技術を定着させるためには，聞き取る分量を段階的に長くしながら，継続的に処理可能な容量を増加させ，解読と理解の高速化と円滑化を両立させていくことにより実現可能となる。

　発話技能は，単語や句，文を正しく読み上げて流暢に発音する技術と，瞬時に反応して返答する生成技術が求められる。後者は，あらかじめ準備することができないので，外国語学習者にとっての難題である（第2章4.4節で詳述）。

　音声学習を進めていくに当たって，以下の点に留意することが心理学と教育学から提案されている。効果的かつ効率的な学習が備えるべき，推進力向上を図る要件と考えられている。

> **学習の促進要件**
>
> ・学習者が，自分とのかかわりから学習対象に興味，関心がある場合や，不思議を感じたときに学習意欲が向上する。
> ・学習者は，経験や既習事項に新しい情報を組み込んでいく，探究学習に取り組むことが大切である。
> ・新出事項は，深い理解を促すために，具体的な場面，文脈，状況の中で積極的に活用する。
> ・新出事項を定着させるために，学習者自身のことばで対象を説明させる。
> ・なにを，どのように学んだかについて，内省することにより，既習事項と新出事項を融合し，知識の拡充を図る。

1.2. 知覚と表出の学習

　伝統的な音声学習へのアプローチとして，聞き取り能力を重視する観点から，知覚訓練を発音学習に先行させることが重視されてきた。この立場では，聴覚器官は何回か聞いていれば，感知できる周波数帯が，自動的に調整されるとする前提で提案が成されてきた（第2章4.3節，第4章1.3節で詳述）。そして，音素の聞き分けができるようになると，その結果として正確な調音動作も身についていくと想定されていた。「聞くことができれば，発音もできる」とする考え方である。

一方，学習者の年齢・母語・環境が大きく異なる外国語では，聞き分けはできるのに発音ができない，あるいは，知覚することが難しい音声であっても，発音することができる事例も報告されてきた。

　たとえば，日本人英語学習者の中には，L/R，Th/S を発音することができても，音素の識別に困難性を抱えていることが確認されている。こうした学習者は，発音をする際には意識的に調音位置と調音様式に，注意を払っていると解釈されている。さらに，母語にない音素を正しく発音することができれば，発音をしている自分自身の声を聞く聴覚器官も，しだいに調整されて聞き取ることができるようになっていく。「発音することができれば，聞き取りもできる」とする立場である。

　調音器官は，聴覚器官ほど自動調整機能が発達していない。そのため発音練習では，学習段階に合わせて，口の動きを画像や動画で，積極的に確認を行う重要性が強調されてきた。

　脳科学からの知見によると，知覚と表出は異なる神経ネットワークを用いていることが明らかにされており，それぞれを別個の技術として学習していかなければならない。したがって，外国語は接触頻度が低いため，素材に留意しながら一貫して知覚と発音の練習を，あらゆる段階で継続していくことが必要となる。

　「いずれか一方の技能だけを身につければ，その成果として，もう片方の技能もできるようになっている」という夢のような提案は，学習者に落胆をもたらす。

1.3. 言語間の包含関係

聴覚器官の柔軟性に対して、母語話者と同等の発音の正確さを身につけることは、非常に難度の高い要求である。しかし、ヨーロッパの研究では、たとえば、オランダ人やドイツ人、熱心なフランス人などが、英語母語話者と等しい調音動作を獲得して、英語母語話者と聞き間違えられるほどの、流暢さを披露した研究報告がある。

その解釈は、音素や音節構造、韻律が言語間で類似していて学習が容易である、さらには、これらの言語は英語よりも子音や母音が多いので、調音コントロールが話者の母語で、すでに完成しているためとされている。

一方、日本人英語学習者の場合は、母音が英語よりも極端に少ないため、音節の中核となる高頻度の母音が不正確となり、その結果、訛りが生じてくる恐れが高まる。また、子音連続や子音で終止する音節に、日本語の母音を挿入する音添加現象が、日本語の音節構造（モーラ）からの転移により発生する。さらに、強勢やリズム、イントネーションに強い干渉が現れる（第4章3節で詳述）。その結果、ますます理解可能性を悪化させてしまう。

その上、アース、トンネル、ノート、バケツ、ライト、リップなど、日常的に使用されているカタカナ英語により「日本人英語」が強化されていく。以下では、こうした課題の克服に向けた方策を提供してみたい。

2. 聴解技能

教育現場では，かつて聴解のことをヒアリングと称していたが，現在はリスニングと呼ばれている。ヒアリングとは，聴覚器官への音声信号の入力を表し，リスニングは，意味を解釈する意図を持って音声に耳を傾ける行為である。

そのため，ヒアリングは，受動的な活動であり，リスニングは，内容を理解するための能動的な活動である。つまり，ヒアリングは，音波が聴覚器官をとおして信号として伝達される，生理学的な処理過程であることに対して，リスニングは，音声信号に意味を持たせる行動であると，区別されるようになっている。本書で用いる聴解とは，リスニングを指している。

2.1. 聴解のプロセス

人間は，聴覚，視覚，触覚からの信号を統合し，音声に意味を付与していく。聴解中は，大脳皮質聴覚野が他の部位と協同しながら音声の解釈を行い，聴解対象を処理するに当たっては，必要性に応じて，相手の口や表情，画像などの視覚信号を統合している（第3章2節，3節で詳述）。

音声を受信する聴覚器官は，周波数ごとに音声を区分して神経経路を経て脳に伝送している。認知科学では，この一連の信号入力は，作業記憶の音韻ループが担当していると説明されている。その後，受信して弁別した音を統合し，まとめ上げる機能は大脳

の聴覚野が担っており，大脳右半球で韻律の正確な把握に基づく，意図や感情の解釈へと至る。

人間言語は音声体系であることから，聴解は他の技能を習得する上で前提条件となる。そのため，読み書きの学習を開始する前には，聞く・話す技術が十分に発達している必要がある。

具体的には，初学時には聞くことを中心に授業や活動を設計し，聞き取り能力が安定化した段階で，発音，発話する機会を提供する。その後，音声学習が定着してから読み書きを導入する。この要件は，母語習得過程に加えて，外国語学習でも遵守するべき順序性である。

入門期では，聞く・話すことを優先的に学習して，音声言語への基礎力を培う。音声素材は，目標言語の標準的発音を基準とした周波数帯を用い，学習者の年齢に応じて，発声，表現，文法，運用面などへの「気付き」の活動を併用する。

コミュニケーション活動としての音声学習では，漠然と音を聞き流しているだけではなく，積極的に会話に参加する主体性が求められる。それは，音から意味を抽出しない限り，流れる外国語の音声は音楽や自然音と同じであり，言語処理基盤は活性化されないためである。発話に用いる発表語彙は，話すことによって定着し，調音器官と脳の表出系統は，ことばを生み出す行為によって構築されていく。つまり，ことばは，聞く話すことによって，言語としての均衡が保たれるのである。

以下に，第二言語，外国語の音声学習の段階をまとめる。

1. 音素や音節を的確に聞き分ける。
2. 聞き手と話し手の立場に立った，平易な会話を行う。
3. 事実と詳細情報について，自分のことばでまとめる。初級・中級段階は，母語を使用してもよい。
4. 時間軸に沿った内容理解を行う。
5. 話の主題や，話者の主張を正しく理解する。
6. まとまりのある音声に対する，要約技術を身につける。
7. 複数の立場や，見解を客観的に整理する。
8. 行動や伝達事項の，推測や推論を行う。
9. さらに高度な聴解技能として，感情表現の理解，結論と判断，因果関係の理解，一般化，意図の解釈，情報の信憑性，事実と見解・解釈の区別，話者の主観を排除，隠された意図を見抜く，問題解決，結果の予測などが挙げられる。

2.2. 音声素材の音質――録音と再生のための留意点――

第2章で述べたように，模範発音を聞き，自分の声をパソコンやICレコーダーに録音して，音声学習に活用することが推奨されている。素材の音質は，繰り返し聞くことを想定するため，聴覚器官への影響を考慮して，広い周波数帯を忠実に録音・再生できることが望ましい。

録音を取り入れた活動では，自然音，交通音，人の話し声，テレビ，モーター音，電話，ペット，その他の騒音の影響を最大限

排除するために，場所と時間を慎重に考慮に入れる。

録音をする際に，見落とされがちな音質低下原因として，机の素材が指摘されている。木製の机は最も反響が強く，音が割れてしまうので，吸音性のあるタオルや布で表面をおおう。

学習者は，正確で流暢な発話練習に向けて，学習段階で目標とされる速度で音声連続を表出する。独立型マイクやヘッドセットを用いて，自分の発話を高音質でクリアに録音をする。

2.2.1. 入門期から初級段階

入門期から初級段階の外国語学習者には，広い周波数帯を再生することができる，高品質なスピーカーが推薦される。なぜならば，人間の聴覚器官は外国語の音声を，さまざまな異なる周波数帯で設定していくためである。

この段階では，正しく音素を知覚するために，特定の周波数帯を再生することができない簡易なスピーカーは，音素特徴が崩れてしまうため推奨することはできない。特に聴覚を頼る母音の学習には，割れたりかすれたり，つぶれたりしない安定した音質が大切なのである。

たとえば，クラシック音楽の愛好家が語るように，高音質のスピーカーで音楽鑑賞をしていれば，微細な音色を聞き分けることができるが，性能が劣るスピーカーに聴覚器官が慣れてしまうと，微妙な音の違いを認識することが難しくなってしまう。音楽愛好家が，音響機器の性能にこだわる理由の一つである。

音声言語も同様で、聴覚器官の調整が必要な初学時から初級段階では、わずかな音色の違いを認識するために、高音質が望ましい。理想的には、録音教材に留まることなく、音声学の教育を受けた話者や、容認発音、一般・標準発音を話す話者と、直接頻繁に会話をすることが最善の学習形態である。

2.2.2. 中級段階以降

聴覚システムが安定化した中級段階以降に、いろいろな話者が話す多種多様な発音や、低音質な音源に対する対応に向けた学習を積極的に取り入れる。高音質の模範的な美しい発音だけに留まっていると、聴解能力は伸張されないまま、聴覚器官が固定化（チューニング）していくので、注意が必要である。こうした理想化された音声は、現実世界には存在していないので、「悪い音」への対応能力を高める。

留意点として、外国語の音声に対して十分敏感になり、核となる周波数帯の設定が確立してから、多様な声の発音特徴に対処するための学習を進める。目標言語環境下であれば、さまざまな母語話者の発音にふれていくことが自然であるが、外国語学習環境の中での音声学習は、状況が大きく異なっている。

特に学習者の母語の影響が強い入力刺激は、聴覚器官に混乱をきたして、柔軟性をそこなっていく。そのため、中級段階以降でも、学習者は自学自習により、容認、一般・標準発音を聞き話すことも継続していかなければならない。

> **音声言語の知覚にかかわる要素**
>
> ・音の高さ,大きさ,時間間隔(速度や間),声の質(性別)
> ・声に対応することができる聴覚器官(内耳)の能力
> ・注意・注目の度合いと,音声を記憶することができる量

2.3. 音声素材の速度

英語では,文字を読み取る平均的な速度は,毎分120語程度である。通常は,聞き取ることができる単語数は,読解よりも少ない。しかし,練習を積むと聴解速度は,黙読速度である毎分250語以上まで高めることができると報告されている。

2.3.1. 再生速度の上昇(早回し)

外国語学習では,母語話者の発話教材の再生速度を早くすることによって,聞き取り能力が向上すると提案されている。

この方法は,音声処理基盤が発達途上の中級段階では,控えるべき活動である。上級段階では,まとまりのある音声を高速で理解する必要性がある場合は,早口・早回し再生の訓練を行うと,聴覚器官は速度に対応することができる。この方法の技術的な欠点は,再生速度を早めると話者の声の高さが上昇して不自然となる。そのため学習者は,滑稽で不快感が増大し,聞き取る意欲を喪失してしまうことがある。特に女性の声は,基本周波数が高い

ので高速再生により理解不能な状態に陥る。

　この問題に対応するために，音の高さを制御する装置や，パソコンの音声読み上げソフトのように，理解可能性をそこなわず，音響学的に音節構造を調整することができるシステムが開発されている。その結果，毎分150語の発話は，理解可能性をそこなわずに，275語まで早めることができたが，毎分300語を越えると，著しく理解がそこなわれ疲労感だけが残り，非現実的になっていくことが確認されている。

　この訓練の意義は，視覚障害者が文献講読などで，大量の文字情報を音声的に入手するための必要に迫られた技術である。晴眼者が日常生活において，人為的に高速にした音声を理解する特殊技能を求められる場面は少ない。安定した聴覚システムを保有していれば，早口な話者に対しても，数十秒から一分以内程度で聴覚器官は対応できると言われている。

　そのため，この方法を援用することができる上級段階での聴解の学習指導で，音声を早回しして高速再生を取り入れるかは，「聞き取り能力が向上する」意味を問い直し，学習段階と現実的な目的と目標に応じて，考慮していかなければならない。

2.3.2. 低速再生（スロー再生）

　語学教師の間では，教材の再生速度を低下させることで，学習者の聴解理解の促進を期待する声も強い。教材の読み上げ速度に，一部の学習者がついて行くことができないためである。

音声教材の発話は，アナウンサーなどの読み上げのプロが，聞きやすい声で明瞭に調音動作を行っている。したがって，通常よりも発話速度は遅く，聞き取りやすい発音となっている。この素材の速さをさらに低下させると，発音が長音化して伸びた感じとなり，非現実的な発音となる。再生速度を落とすことは，学習者を安心させ暫定的に意欲を繋ぎ止めるための苦肉の策であって，原因の究明と対処に努めなければならない。

　中学生や高校生，大学学部生の聴覚器官は，周波数受信能力において，一生のうちで最高の性能を誇っている。インターネット上には，若者だけが聞き取れる音（モスキート音）として，その一端が紹介されているほど鋭敏である。段階に合った長さの句や文を，聞き話す練習を積み重ねていくことによって，比較的容易に通常の速度に慣れることができる。

　聴解と読解は関連性が高い。初級段階後半の学習者の読解速度が遅い理由は，音声的に学習された語彙力が発達途上で，解読と理解に時間を要するためである。文字解読が不安定で，読解中もすぐに立ち止まる学習者に適した練習順序を紹介する。

　読解素材を読み上げているCDを聞き，文の発音方法の特徴を把握する。CDを聞きながら文字を追い，音声と文字解読の速度を一致させる。CDとともに音読し，音声の速度で読解する基礎を作る。慣れてきた段階で，簡単な内容理解問題を取り入れる。予習や復習の一環として，和訳活動に留まらず，音声面の継続した自学自習を習慣付けることが大切である。

音声処理に必要となる技術

基礎的技術	・外国語音声への注意・注目（音源への対応） ・音素識別　　・音声と意味との結び付け
高度な技術	・主題の理解　　・出来事の順序性の理解 ・結果や結末の予測　　・細部の理解と記憶 ・事実と推測の因果関係　　・事実と意見の区別 ・キーワードや，話の展開に必要となる内容語 ・未知語の推測や含意の理解　　・価値判断 ・情報源の評価　　・適切な要約 ・目的や対象に合わせた最適な聞き方

3. コミュニケーションと聴解・発話

　コミュニケーション理論では，メッセージの言語化過程と表現手段，内容の伝達様式と伝達結果についてを，重要課題として位置付け追究してきた。具体的には，下図で示すレベルで，個別的・複合的に論じられている。

文脈	意図	形式（直接的，間接的な意思の表明と解釈）
	構成	やり取り，主題提示，進行と終止，破綻と修復
	前提	情報量，社会的関係性，場面・状況や手段

外国語を用いたコミュニケーションにおいて，聞き手と話し手の間で，関連性が高い情報を共有する基本的な言語機能は，母語と同等である。人と人との関係性の構築は，会話を軸としてさまざまな場面，文脈，状況で遂行されていく。

聞く・話す技能は，音声言語を媒介とするコミュニケーションにおいて，理解と表出を円滑に進めていくために不可欠な能力である。言語習得や外国語学習では，言語の音響特性を無意識・意識的に獲得していく過程で，音声言語の知覚と表出は統合的に発達していく。

以下に，母語と外国語で確認されている音声言語の発達段階を整理する。

3.1. 音声の検出

入力される音声信号を，正しく検出するためには，聴覚器官の敏感性が必要となってくる。音声信号は，時間的，音響的にさまざまな特徴を持ち，周囲の環境から発生する自然音や，雑音を含めた他の音からの影響を受けている。音声言語を正確に検出する機能は，聴覚器官の適応能力に依存しており，作業記憶内の音韻ループの最初の受信状態に関連している。

たとえば，摩擦音の知覚には，高い周波数帯への鋭敏性が，閉鎖音に対しては，時間間隔を的確にとらえる能力が必要となる。英語では /p, t, k/ の後に呼気を伴うが，その認識には，息を強く吐き出す調音動作のために必要な，微細な時間のずれを感じ取ら

なければならない。

　人間の聴覚器官は，出生時からほぼ成人と同じ周波数帯を聞き取ることができ，生後6ケ月程度で成熟するとも言われている。その後，乳児は，周囲から与えられる音声言語を基にして，無意識に聴覚器官を調整し，カテゴリー知覚を設定していく。生後1年から2年程度で，母語の音声体系を受信する聴覚システムが完成すると仮定されている。

3.2. 音声の識別

　音の識別とは，音声信号の相違を区別して，適切に処理を行うことである。乳児は，生得的に世界中の言語の音声的特徴を知覚することができ，自らも聞いた音に類似した音声を，発音することができると考えられてきた。

　しかし，最新の言語習得の研究によると，こうした研究成果は，音声識別能力の生得性を，過大評価している可能性があると報告されている。この立場によれば，乳児は，音声言語の音響特性に対し新規か既知かに反応して，周囲で話されている音を重点的に知覚するように，注意・注目を強めていく素地が生得的に与えられている。音声言語の習得は，遺伝子によって誘導されていくと解釈されるようになっている。

　言語病理学ではこの点に注目をして，音声に反応を示さない乳児は，一刻も早い診断が必要であると強調されている。特に言語習得には聴覚が必要であり，治療が可能な場合は人工内耳の装着

を，神経系などの他の要因の場合は，早期に手話コミュニティーに参加することを促している。

手話は，後天的学習で身につける，音声言語を表記する文字のような人為的な記号体系ではなく，言語であることが解明されている。生後数年間は，生得的な言語習得装置が，視覚刺激である手話言語を，母語として無意識に獲得するために機能すると考えられている。母語を獲得することができる年齢域が存在するため，言語習得の臨界期ともかかわる重大な知見である。

3.3. 音声の同定

音声連続からまとまりを分類し，意味と結び付けていく処理が音の同定である。学習者にとっては，最も細かい音素レベルの同定が困難であるが，音素レベルで意味が変化する単語の識別は，内容を理解する上で鍵となる。これが音韻認識力である。

英語の場合，脳内の心的辞書は，音節構造を含めて繰り返される音韻規則を基にして体制化されている。音声の組み合わせが作り出す音声連続が，意味概念に投射される過程を司っている。そのため，音声で単語や表現形式などの語彙が脳内に入力されていくことが，言語習得と外国語学習過程では最重要課題となる。

母語習得過程では，音声言語に基づいて単語と文法規則を含めた表現形式が獲得されるが，外国語でも音声を媒介とした学習を進めていくことによって，本来人間が持つ，心のメカニズムの働きに即した定着が促進されると考えられる。

形態素を含めた心的文法の習得においても、聴覚は中心的役割を担っている。脳内の文法は、音声言語の韻律を基にして習得され、構造や句のまとまりを、音声連続から把握する能力によって支えられている。日本語母語話者は、文法論としては複雑で煩雑な助詞の体系や、動詞・形容詞・副詞の語尾変化を、会話をとおして習得する。同様に、冠詞や屈折要素も無意識に音声言語から獲得され、母語話者としての言語知識が形成されていく。

　しかし、言語刺激への接触量が保証されていない外国語学習環境下では、音声から無意識に、こうした心的文法が構築される可能性は極めて低い。文法の形式・機能・用法を、学習段階に応じて意図的に学び、意識的にモニターを働かせて運用を監視していくことが必要となる。

3.4. 音読

　母語の習得過程では、小学校段階で教師による教科書の読み上げと、児童による音読が重要である。これは、習得された音韻規則と文字連続とを結び付け、読解の基礎を築き、音韻認識力を安定化させるために必要不可欠な過程である。すべての教科で音読を取り入れるが、対象言語は母語であることから、通常は文法的な解説は加えていない。しかし教師は、語彙の確認を始めとする、内容理解を促す働きかけを絶えず行っている。

　中学校以降は、黙読を中心として音読の機会はしだいに減少する。この段階以降では、音読の必要性はなくなり、絶えず音読を

行うと授業時間を浪費するとともに，読み取り速度が低下する弊害が生ずるためである．

一方，英語教育の現場では，中級・上級段階に至るまで，シャドーイングを含めた音読の万能性が説かれ，広く実施されている．発音，聞き取る力，語彙力や文法力，コミュニケーション能力までもが，音読によって外国語能力が向上すると推奨されている．しかし，学習者や教育関係者から，そうした効果を疑問視する声や，説得力のある理由付け，科学的な根拠を求める意見も多く聞かれる．

学習者が音読で行っている行為は，文字列を認識して音声に変換し，調音器官を無雑作に動作させることである．したがって，文法構造の把握や，意味理解は伴っていない場合が多い．また，読解素材は読んで理解するために書かれており，聞いたり発音しながら，同時に内容を解釈していく活動としては不適切である．音読や，本来，通訳者養成のための技術であるシャドーイングによって，解読だけを身につけ，意味理解を伴わずに読み上げる自己流の発音方法を，体得する学習の意味はなにか．

音読を多用する学習指導で，どのような外国語能力が身につくのか，貴重な学習時間を音読に費やす結果，なにを獲得することができるのか．その教育的意義と目的を客観的に判断し，熟慮しながら効果的な学習段階（初級段階後半）に，正しく援用することが大切である．音読とシャドーイングは，学習者と教師が明確に成果を実感して初めて，有意義な活動となる．

3.5. 自由発話

　母語では，聴解・読解素材の内容を要約して，自分の意見を述べることや，主題に対して論拠を示しながら主張する技術は，学校教育の中で育まれていく。思考を表明するための表現形式を学習し，まとまりのある音声言語を表出する練習活動は，母語であっても高度である。日常生活で繰り返される慣用表現では対応することができず，技術としての自由発話は，成人であっても困難性を伴うことがある。

　外国語では，日常会話のための表現形式を暗記しておいても，必要な場面で再生されなかったり，専門的な言い回しを調べて準備していても緊張から度忘れをしてしまう。

　外国語を，母語のように難なく自由に話したいという望みは，母語と同等の接触量が確保されない環境下にある限り，聴覚器官と調音器官が十分に最適化されないため，残念ながら夢または幻である。目標言語を使用する頻度を確保し，忘却を抑止して絶えず活性化させようとする意志と意欲が出発点である。

4. 円滑な音声処理とチャンク

　心理学の実験によると，人間の記憶可能量は，7要素前後である。認知科学で提唱されたチャンクとは，意味を持つ連続体を一つの要素としてまとめ上げた記憶方式である。

　身近な例として，電話番号は無意味な数字が7程度並んでい

て,ダイヤルを完了するまでは,なんとか記憶しておくことができる数量である。さらに京都の市外局番は075,宇治市は0774等,3から4要素に市町村という意味を付与して,ひとまとまりで記憶した単位を一要素のチャンクとする。

4.1. チャンク処理とはなにか

言語処理におけるチャンクは,音声連続体として意味を成す複数の単語のまとまりである。単語の連続は,定型表現として固定されている場合と,意味内容に応じて形態素や語順が変化するものがある。意味の結び付きが強い熟語や連語と,句動詞などの文法的な結合体としてのクラスターに分類することができる。

チャンクの種類

区分	特徴	例
状況的チャンク	会話での定型表現	how are you, excuse me.
文体的チャンク	使用域が決まった表現形式	in conclusion, by way of conclusion.
儀礼的チャンク	儀式・祭礼などで使用される表現形式	ladies and gentle-men, may I have your attention please.
交渉的チャンク	相互作用や活動を支える表現形式	what do you think, it's your turn.

チャンク処理は，文法規則に無作為に単語を代入して，句や文を生成するのではなく，意味を表現する一つの連続体として一度に記憶から活性化され，自然な言語運用を支えていく。

　最新の脳科学の研究では，人間の脳は，入力される音声連続を単語に分解して，分析的に統語・意味処理をしていくのではなく，まとまりとして記憶し，解釈に至る傾向があると報告されている。同様に表出時も，意味を投射する表現形式として，まとまりで生成される。

　チャンクは，母語習得と外国語学習の過程で，言語運用と言語知識を結び付けるパタン（型）として成立する。言語処理過程では，音素，音節，単語，句に至るあらゆるレベルの言語要素が，どのように配列されていくのかという，可能性の頻度に強く影響を受ける。その結果，円滑な理解と表出において，音声連続体としてのチャンク処理の効率が，正確さと流暢さを保証していく。

　認知科学の研究によると，チャンクは長期記憶に保存され，単語の同定や文法処理のために，作業記憶で活性化されることが明らかになっている。特に母語話者は，単語間の相性を無視した連続体は，活性化されるチャンクとは相容れないため，不自然で理解しにくく，逆に頻繁に用いられる連続体のほうが，理解容易性が大幅に向上することが確認されている。

　このようにチャンクは，さまざまな連続可能性を含んで脳内に体制化され，円滑で高速な処理と，適切で自然な言語使用を担保している。

4.2. 感覚器官への入力刺激

母語話者は，頻繁に聞き話す表現形式を，チャンクとして記憶していると述べたが，言語習得と言語処理で頻度とは，なにを意味するのであろうか。また，外国語への積極的な接触は，運用の正確さや円滑さにどのような影響を与えているのか。言語への接触量と言語知識の関連性を整理しておきたい。

4.2.1. 頻度

心理学では萌芽期から，認知に影響を与える三要素として，頻度・新しさ・文脈が実験的に検証されてきた。学習，記憶，知覚は接触頻度とかかわっていて，こうした特性は，感覚運動器官をはじめとする熟達の過程に関与している。

頻度・接触量の持つ意味

・経験の頻度が増すほど，記憶にしっかりと確実に保存され，刺激を処理する円滑さが高まる。
・最近経験した事柄ほど鮮明に記憶され，より詳細に記述することができる。
・別個に存在している要素の結合回数が増すほど，脳内では連携が築かれる。その結果，知覚と分類が効率的となり，場面や文脈が構成されていく。

4.2.2. 円滑さの特徴

　円滑さは，日常的に経験する現象ではあるが，メカニズムや状態を定義することは難しいとされている。

　円滑な処理とは，感覚器官に入力された信号が，どれだけ容易に解析されたかを示している。主観的な判断に基づくと，簡単に刺激処理が進められたかという印象であり，客観的な円滑さとは，数値などで測定される科学的尺度に基づく速度である。

　処理速度は，円滑さを判断するための経験に作用する。円滑な処理の経験は，簡潔さ，頻度，親密さと深く関与しており，刺激と情報の操作に直接接続している。

　円滑さの特徴は，経験的な印象として記述観察し，説明されることが多い。しかし，以下のとおりの要素を客観的に解析する必要性が認知科学から提案されている。

① **感覚としての円滑さ**
　経験的な情報として認知システムの状態を把握しながら，動作や一連の流れを制御する。

② **心的処理の結果として生じる円滑さ**
　心的処理が順調に行われているのかを，常に監視するシステムからの結果報告を受けて特徴付けられる。

③ **容易性や困難性を判断する尺度としての円滑さ**
　心的処理の実行に当たって，以前の経験の蓄積から導き出される容易性や困難性を，主観的に判断する基準であ

る。実行中の心的処理を集約する経験の統合が，円滑さを生み出す。

4.3.「母語話者のような流暢さ」と「母語話者同様の表現選択」

外国語学習者は，他の人が聞くと不自然な，自己満足とも感じられる発音で発話を行うことがある。また，文法的に誤ったり，語彙的側面が不適切な用法で流暢に話すこともある。こうした問題現象は，1980年代前半に指摘され，「母語話者のような流暢さ」と「母語話者同様の表現選択」として，英語圏の外国語教育界で論議された。

「母語話者のような流暢さ」は，学習者の音声学習の努力が成就して，発音の上達が叶った場合には到達可能である。しかし，独学では自分の声に聴覚器官が慣れきってしまい，客観的に自らの発音が判断できなくなっている。

その結果，自分では上手に話しているつもりでも，聞き手には不自然に響くことがある。英語に無縁な素人でさえ，「あの有名人の話す英語は，闇雲に舌を巻いているだけで奇妙だ」と感じ取ることがあり，母語話者の発音との違いが分かる聴覚器官の敏感さを物語っている。

これを修正するためには，録音学習に加えて，積極的な母語話者との会話の中で指摘してもらうことや，不自然さの理由を分析的に説明することができる，音声学の知識がある聞き手の協力を求め，時間を費やして矯正することになる。

母語話者のような流暢さは，懸命に感覚運動器官を鍛えて，調音動作を体得する努力によって獲得することができるが，その結果として「母語話者になった」わけではない。次の難関である「母語話者同様の表現選択」を満たさなければならない。これは容易なことではなく，1980年代には母語話者の特徴，あるいは特権とまで考えられていた。どれほど発音が上手であっても，母語話者と外国人の言語知識は異なっているのである。

　母語話者の言語知識は，前著『外国語はどこに記憶されるのか』で詳述したように，無意識に獲得されて，常に活性化して保持される暗黙知である。一方，外国語学習者の知識は，意図的に学習して消滅を防ぐべき形式知であり，これらは質的には別の知識体系である。

　1980年代の外国語学習は，文法規則と単語を別々に勉強して，機械的に組み合わせていく生成方式が主流であった。母語話者同様の表現選択を満足させるためには，さらなる自然な用法を支える語彙知識が求められることとなり，多くの学習者にとっては，立ちはだかる堅牢な障壁であった。

　この難題を解決していく一つの可能性がチャンク処理である。音声連続体として流暢さを確保すると同時に，母語話者が自然に用いる表現形式の連続体を獲得することで，適切さと正確さを両立させることができる。チャンクにより，母語話者のような流暢さと，母語話者同様の表現選択に近づく足掛かりとなることが期待されている。

4.4. チャンクによる学習

新しい語彙や表現形式を学習する一つの方法は，チャンクとして定着させることである。外国語処理では，チャンクは複雑な思考や概念を表現するために，音声連続体として理解と表出を促進する働きを担っている。

目標言語圏での日常会話では，学習者が未習と思われる語彙や文法も，音声連続体に含まれることがしばしば確認されている。チャンク処理は，注意・注目や処理の負担を軽減し，未習の言語形式に，より気付きを促すことができるため，高速で円滑な言語運用の一助となる。

チャンクの可能性

・発音方法を体得して，母語話者のような流暢さをもたらす。
・場面，文脈，状況に応じて，母語話者が頻繁に使用する表現選択に近づく。
・意味変換処理が効率化され，まとまりのある文章から構成された，聴解や読解の理解が促進される。
・話し手の意図や解釈が，瞬時に伝達される。
・文法規則に単語を代入する処理ではないので，聞き手と話し手の処理負担が大幅に低下する。

外国語を支障なく理解して自然に運用するためには，単語と単

第5章　音声チャンクと外国語学習　　171

語の相性の良い組み合わせに注意を払いながら，まとまりとして学習を重ねる。目標言語への接触量が非常に重要であり，螺旋的展開によるカリキュラムに基づき，既習の語彙や文法項目に4技能をとおして自然に繰り返しふれる頻度の確保が求められる。

・母語話者が頻繁に使用するチャンクを収集して，場面・文脈・状況ごとに分類する。
・母語話者の直観を，コーパスを用いて科学的に検証して，客観的な視点から一般性を確認する。

・文法形式，機能，用例と用法を，自然な語彙とともに具体的な使用場面，文脈，状況で，4技能をとおして段階的に学習する。

〈学習の留意点〉単語間の相性の良い組み合わせ
・名詞を見つけ，形容詞や動詞など共起する単語を確認する。
・名詞が単数形か複数形か，a，the，無冠詞なのか。
・形容詞や動詞を修飾する自然な副詞か。
・動詞の時制は，なにが自然か（特に進行形と完了形）。
・句では，どのような前置詞が使われているか。

・自然な発音方法を聞きながら，繰り返して体得する。
・学習した表現形式を，適切に使用する経験を積み重ねていく。
・その場限りの集中訓練や，暗唱・暗記，過度の代入練習は，忘却を促進してしまい効果が見られない。

こうした教育観を，1990年代終盤に「語彙中心の指導法」として提唱したときには，具体的に示すことができる教材は乏しく，理念と理想論であった。現在は，コーパスの発達と解析技術の普及により，語彙中心の指導観は受け入れられて，豊富な用例を記載した辞書，指導法や教材開発に広く取り入れられている。

　2009年以降に英語圏で出版される文法書や教科書は，ある文法形式が用いられる場面，文脈，状況が，自然な語彙とともに示されるようになり，文法規則集と単語帳で別個に学習するのではなく，4技能をとおして学習していくことができるようになっている。このように，語彙中心の指導法は文法指導にも取り入れられ，適切で自然な言語運用能力育成に向けて，語彙に文法を融合させた形で，チャンクとして定着を図ることが可能となった。

　チャンクは，一つの語彙要素として機能し，5語前後の単語から構成され，決まった連続で用いられる傾向が強い。母語話者が頻繁に生成する定型表現であり，統計学的な頻度，傾向を示す要素である。こうした連続体の発音方法は，性質上，音声変化や弱化，脱落の影響を受けやすいので，単語の構成が不明確になったり，全く異なる単語を想起したりする可能性がある。

　たとえば，会話で「ハウズィットゴーイン」「ワンセケン」と流暢に発音していても，あいさつの機能を満たすことはできるが，実際の単語構成（How's it going? Once again.）は知らない初級学習者は少なくない。

　このような現象は中級段階の学習者にも見られ，音声だけを聞

くと,「辞書には掲載されていない不可解な単語がある」と学生から質問される。単語構成を確認して納得の上で,再度聞き発音練習を行うことが,運用能力向上をもたらしていく。

チャンク処理によるコミュニケーションのための聴解・発話

① **事実を聞き取る**

聞き取るべき内容や詳細を正確に把握する。

② **選択的聴解**

自然音や複数の音声が入り交じる状況の中で,必要な情報を確実に聞き取る。

不適切な表現形式を抽出し修正する。

③ **要点把握**

主題文や,段落の中で重要な文を見つけ出す。

聴解・読解の内容に対する要約を口頭で行う。

④ **価値判断**

主張と例,論理を正しく理解して話者の意図を解釈する。

自らの意見や見解,解釈を述べる。

4.5. 音声学習への提案

学習者が,どのような発音を目指し,どこで納得をして,聞き手に外国語の運用を個性として受け止めてもらうのかは,自分自身で見いだすことである。その結果としての,信頼関係に基づく

国籍を超えた人間関係の構築は，学習者の人格と品性を反映していくものである。

したがって，発音について，他者があるべき姿を主張して，強制・強要する事柄ではないと考えるため，本書では動機，意欲，態度，自尊心や自意識の領域へは踏み込まないこととする。母語話者に近い発音を目指していても，どこかに必ず限界があり，化石化も避けられないので，話者の個性を示す固有の発音となって終着していくものである。

しかし，そうではあるが，外国語が芽生えて成長していく学校教育課程では，特定の価値観を押しつけず，学習者が持つ柔軟な可能性をそこなわない最大限の配慮が求められる。

本書全体の検討を踏まえて音声学習方式を提案する。模範発音をしっかりと聞き，自分の声を録音して学習に生かしていく作業が中心となる。

録音した自分の声を聞くと，あたかも聞き覚えのない他人の声ではないかと違和感を覚え，不自然に響く声の録音を敬遠する多くの学習者もいる。人間は自分の声を骨で聞く骨伝導と，空気の振動で外部から入力される空気伝導との合成音を聞いている。音声は，鼓膜の振動で内耳に音声信号として伝わるが，調音器官や声帯のふるえが，直接聴覚器官に伝わっている。

録音された音声は，空気伝導のみをとらえていて，骨伝導音は合成されていない。両耳を塞さいで発声したときに，聞こえてくる声が骨伝導音である。録音を取り入れた学習を繰り返していく

ことによって，自分の声に慣れてくることが報告されている。

　以下に音声学習上の留意点をまとめて見る。

① 紹介する方法は，1サイクルであり，何回繰り返すかについては，学習者が音声連続をどれだけ正確に発音することができるかによって判断する。

② 学習対象の音声は，調音器官の動作を滑らかにしていく観点から，単語，句，文へと徐々に長くしていく。音素と音節レベルの発音を体得していないと，音声連続が疎かで雑になる。音素ばかりではなく，強勢，トーン，イントネーションにも注意を向ける。聴解素材は自然な速さを基本とする。

③ 新しい状況や文脈に，練習効果が発揮されるように，調音器官の最適化を図り，その動作が身につくことが期待されている。なぜならば，発話では文法や意味に注意を払うため，調音器官をモニターするゆとりがなくなるためである。

④ 練習に使用する素材は，コーパス研究の成果を受けた，場面，文脈，状況を踏まえた自然なものとする。機械的な文型練習や，代入訓練を口頭で繰り返すのではなく，句や文レベルの適切さを満たす用法・用例を中心として音声的に学習する。

⑤ 話す技能は，話すことによってのみ発達していく。した

がって，積極的に発話を促す練習の機会が必要である。読み上げ練習に加えて，選択式や自由応答型の活動が有効的である。音声学の知識を持つ母語話者との対面式が理想であるが，ネットワーク環境で会話を学習するサービスも提供されている。

4.5.1. 9歳まで

具体的操作期までの子供は，聞こえた音声をそのまま模倣し，記憶に定着させるので，容認発音や一般・標準発音以外の，外国人訛りを含めた強いアクセントの素材は使用を控える。

模範発音として，男女を問わず子供と大人の声を使用することができる。しかし，この年齢域の子供は，好き・嫌い，快・不快などで生理的に反応するため，学習素材の声質を選択することができる教具が望ましい。

年齢に合わせた用法・用例を積極的に取り入れた活動を行う。正確さと適切さを満たすように，言語素材の質には十分注意を払い，良質な音声刺激によって，自然な外国語をチャンクとして無意識に吸収させていく。その過程で，聴覚器官と調音動作は自動的に調整されていく。

自分の声を吹き込む→模範発音を聞く→自分の声を吹き込む→模範発音を聞く

4.5.2. 10歳から15歳ぐらいまで

この年齢域の学習者は，自分の発音と模範発音との違いを認識して気付くことができる。成人の男性や女性が話す，低い周波数帯の声が最も聞き取りやすく，規範的に響くので効果的である。年齢相応の素材を使用して，達成感を持たせる。

思春期に特有の，羞恥心や照れるなどの感情を抱く傾向があるが，音声学習の効率は最も成果が現れる年齢域である。この時期に継続して良質な音声にふれ，自らも正しく発音する習慣を形成していくことによって，将来，結果的に正確で流暢な発話をもたらすことが保証される。

また，9歳までの段階で，無意識に母語話者のような発音を体得していても，この年齢域で母語を転移させた発音を聞き話すと，獲得した音声基盤は壊れていくことが確認されている。

自分の声を吹き込む→録音された自分の発音を聞く→自分の声を吹き込む→模範発音を聞く→自分の声を吹き込む→録音された自分の発音を聞く→模範発音を聞く

4.5.3. 16歳以上

この年齢域の学習者は，模範と自分の発音がなぜ，どのように違っているのかを意識的に理解しようとする。そのため，画像や映像を用いて改善点を示すことが有効である。同じ年齢域の話者

による声が効果的である。

　25歳頃を過ぎると，過去の学習経験による化石化が除去しにくくなるため，必然的に繰り返しの回数が増える。聴覚器官は順応できるが，調音動作は母語流に固定されていく傾向が高まっていく。練習の効果が実感しにくくなるので，辛抱強く継続していく忍耐力が必要である。

> 自分の声を吹き込む→録音された自分の発音を聞く→自分の声を吹き込む→模範発音を聞き改善点を理解する→自分の声を吹き込む→録音された自分の発音を聞く→模範発音を聞く

　日本のような外国語学習環境では，日常的に外国語への接触量が確保されず，目標言語の母語話者とも会話する機会は保証されていない。成人となってから，一念発起して発音の向上を目指すことは，我慢と苦難の連続となる。特に，音声体系が大きく異なる外国語の発音を身につけることは，至難の業である。

　このような環境の中にあっても，コミュニケーションのために外国語を学ぶのであれば，最低限，理解可能性を満たす発音は目標としなくてはならない。技術的に聴解・発話の学習が体系的に展開できるようになっている現在，音声学・音韻論の知見を援用して練習を重ねるとともに，実際に積極的に目標言語を用いた意思疎通を行うことが必要である。

　自己努力の効果を高めるためには，疎まれても形振りかまわ

ず，客観的で分析的な助言を得ることが，発音と発話の確実な向上につながることは言うまでもない。

4.6. 音声学習の実現可能性

次世代を担う純真無垢な学習者たちは，聴覚器官と調音器官の柔軟性を有している。特に外国語発音については，小学生，中学生は，調音器官が母語に固定化されていないため，外国語特有の呼吸法を含めて，限界を超越できるほどの潜在能力を持っている。その可能性を伸ばし，遺憾なく発揮して，将来，選ぶべき道を広げていくためにも，学校教育課程での正しい音声教育を切望してやまない。

指導上の留意事項

- **小学校段階**では，言語刺激の質が最も重要である。自然な用法・用例を正確な音声で教示する。
- **中学校段階**では，授業時間はもちろんのこと，自律学習を促しながら，聴解・発話を継続的に行う。
- **高等学校段階**では，読解に傾斜せず，まとまりのある文章の聴解・発話活動を積極的に取り入れる。

一般的に取り入れられている，音読，シャドーイングで聴解・発話は代用できない。これらは，自らの言語処理基盤を稼働させ

た，能動的な意味変換処理ではなく，文字列を読み上げている音声解読の活動や訓練なので，目的と目標に応じて活用する。用意された文を再生するのではなく，自らことばを理解して紡ぎ出す活動こそが，聴解・発話技能を培っていくからである。

音声指導を正しく行うためには，教授者には音声学の知識が必要である。小学校段階での英語教育を考えるとき，英語教員養成課程では，音声学・音韻論の講義と演習を充実させて必修とし，その専門家の養成も必要となる。日本の英語学専門の大学教員は，文法論関係者が大多数であるが，音声学・音韻論の授業展開も視野に入れるべきであると提案する。

日本は，日常的に外国語が用いられている環境にはなく，目標言語圏で通用する学習指導理論は，援用不可能な部分も多い。当然の帰結として，英語圏で英語母語話者によって提唱され，一世を風靡した第二言語習得理論やコミュニケーションを志向する教授法が，日本では機能せずに教育現場は混乱した。

こうした問題に対する代替策として，日本に根付いた完成度が高い文法訳読法による，読解中心の授業設計へ回帰する動きすら出始めている。聞く・話すことをなおざりにした翻訳志向の風潮が再来し，歴史が繰り返されるのではないかと，危惧をいだいている。

日本人は世界的に見て文法好きで，良くも悪くも言語学が偏向し，ガラパゴス化していると言われている。言語学では，すでに観察・記述・説明は完了している領域もあり，こうした知見の応

用を体系的に展開できる時代に入ってきている。言語学を志す若者は，音声学・音韻論，形態論，統語論，意味論，語用論などの基礎を修め，研究課題を設定することが前提となる。

コミュニケーションを解明するための一過程として，文法形式は，どのような表現形式として成立し，ことばとして使用されるのかも，意欲的に研究されていかなければならない。文法論を包含する語用論の地道な成果が，運用能力育成を図るための，基礎となる素材を提供することを期待したい。

世界の最先端の研究大学では，認知神経科学や大脳生理学の一部門として，言語学は位置付けられるようになっている。言語学応用論は，学際的に考察を深めていく分野であり，人文科学の精神の上に成り立つ認知科学であることを提唱する。

参 考 文 献

音の定義と音声知覚

Bolhuis, J. and M. Everaert, eds. (2013) *Birdsong, Speech, and Language: Exploring the Evolution of Mind and Brain*, MIT Press, Cambridge, MA.

Eggermont, J. (2015) *Auditory Temporal Processing and its Disorders*, Oxford University Press, Oxford.

Everest, A. and K. Pohlmann (2009) *Master Handbook of Acoustics*, 5th ed., McGraw Hill, New York.

Handel, S. (1989) *Listening: An Introduction to the Perception of Auditory Events*, MIT Press, Cambridge, MA.

Maltby, M. and P. Knight (2000) *Audiology*, David Fulton, London.

Moore, B. (2013) *Introduction to the Psychology of Hearing*, 6th ed., Brill, Leiden.

Nudds, M. and C. O'Callaghan, eds. (2009) *Sounds and Perception: New Philosophical Essays*, Oxford University Press, Oxford.

Plack, C., ed. (2010) *The Oxford Handbook of Auditory Science: Hearing*, Oxford University Press, Oxford.

Plack, C. (2014) *The Sense of Hearing*, 2nd ed., Psychology Press, New York.

Plomp, R. (2002) *The Intelligent Ear: On the Nature of Sound Perception*, Psychology Press, New York.

Rees, A. and A. Palmer, eds. (2010) *The Oxford Handbook of Auditory Science: The Auditory Brain*, Oxford University Press, Oxford.

Schnupp, J., I. Nelken and A. King (2011) *Auditory Neuroscience: Making Sense of Sound*, MIT Press, Cambridge, MA.

Warren, R. (2008) *Auditory Perception: An Analysis and Synthesis*, 3rd ed., Cambridge University Press, Cambridge.

Wolfe, J., K. Kluender and D. Levi (2012) *Sensation & Perception*, 3rd ed., Sinauer Associates, Sunderland.

Yost, W. (2006) *Fundamentals of Hearing*, 5th ed., Emerald, Bingley.

音楽と言語

Arbib, M., ed. (2013) *Language, Music, and the Brain*, Cambridge University Press, Cambridge.

Bannan, N., ed. (2012) *Music, Language, and Human Evolution*, Oxford University Press, Oxford.

Deutsch, D., ed. (2013) *The Psychology of Music*, 3rd ed., Elsevier, Amsterdam.

Hallam, S., I. Cross and M. Thaut, eds. (2009) *The Oxford Handbook of Music Psychology*, Oxford University Press, Oxford.

Hargreaves, D. (1986) *The Developmental Psychology of Music*, Cambridge University Press, Cambridge.

Higgins, K. (2012) *The Music between Us: Is Music Universal Language?*, University of Chicago Press, Chicago.

Hodges, D., ed. (1996) *Handbook of Music Psychology*, 2nd ed., IMR Press, San Antonio.

Kivy, P. (2007) *Music, Language, and Cognition*, Clarendon Press, Oxford.

Koelsch, S. (2012) *Brain and Music*, Wiley-Blackwell, Oxford.

Lerdahl, F. and R. Jackendoff (1983) *A Generative Theory of Tonal Music*, MIT Press, Cambridge, MA.

Mithen, S. (2006) *The Singing Neanderthals: The Origin of Music,*

Language, Mind and Body, Harvard University Press, Cambridge, MA.

Nudds, M. and C. O'Callaghan, eds. (2009) *Sounds and Perception*, Oxford University Press, Oxford.

Nussbaum, C. (2007) *The Musical Representation: Meaning, Ontology, and Emotion*, MIT Press, Cambridge, MA.

Patel, A. (2008) *Music, Language, and the Brain*, Oxford University Press, Oxford.

Rebuschat, P., M. Rohrmeier, J. Hawkins and I. Cross, eds. (2012) *Language and Music as Cognitive Systems*, Oxford University Press, Oxford.

Sloboda, J. (1985) *The Musical Mind: The Cognitive Psychology of Music*, Oxford University Press, Oxford.

Snyder, B. (2000) *Music and Memory: An Introduction*, MIT Press, Cambridge, MA.

Tan, S., P. Pforddresher and R. Harre (2010) *Psychology of Music: From Sound to Significance*, Psychology Press, Hove.

Wallin, N., B. Merker and S. Brown, eds. (2000) *The Origin of Music*, MIT Press, Cambridge, MA.

音声言語の知覚

Ashby, M. and J. Maidment (2005) *Introducing Phonetic Science*, Cambridge University Press, Cambridge.

Byrd, D. and T. Mintz (2010) *Discovering Speech, Words, and Mind*, Wiley-Blackwell, West Sussex.

Collins, B. and I. Mees (2013) *Practical Phonetics and Phonology*, 3rd ed., Routledge, London.

Cutler, A. (2012) *Native Listening: Language Experience and the Recognition of Spoken Words*, MIT Press, Cambridge, MA.

Durand, J. and B. Laks, eds. (2002) *Phonetics, Phonology, and Cognition*, Oxford University Press, Oxford.

Farris-Trimble, A. and J. Barlow, eds. (2014) *Perspectives on Phonological Theory and Development*, John Benjamins, Amsterdam.

Goodman, J. and H. Nusbaum, eds. (1994) *The Development of Speech Perception: The Transition from Speech Sounds to Spoken Words*, MIT Press, Cambridge, MA.

Hardcastle, W., J. Laver and F. Gibbon, eds. (2010) *The Handbook of Phonetic Sciences*, 2nd ed., Wiley-Blackwell, Oxford.

Hewlett, N. and J. Beck (2006) *An Introduction to the Science of Phonetics*, Lawrence Erlbaum, Mahwah.

Johnson, K. (2011) *Acoustic and Auditory Phonetics*, 3rd ed., Blackwell, Oxford.

Kent, R. and C. Read (1992) *The Acoustic Analysis of Speech*, Singular Publishing, San Diego.

Kreiman, J. and D. Sidtis (2011) *Foundations of Voice Studies: An Interdisciplinary Approach to Voice Production and Perception*, Wiley-Blackwell, Wet Sussex.

Ladefoged, P. (2012) *Vowels and Consonants*, 3rd ed., Wiley-Blackwell, Oxford.

Ladefoged, P. and K. Johnson (2015) *A Course in Phonetics*, 7th ed., Cengage Learning, Stamford.

Liberman, A. (1996) *Speech: A Special Code*, MIT Press, Cambridge, MA.

Moore, B., L. Tyler and W. Marslen-Wilson, eds. (2009) *The Perception of Speech: From Sound to Meaning*, Oxford University Press, Oxford.

Otake, T. and A. Cutler, eds. (1996) *Phonological Structure and Language Processing: Cross-Linguistic Studies*, Mouton de Gruyter, Berlin.

Pisoni, D. and R. Remez, eds. (2005) *The Handbook of Speech Perception*, Blackwell, Oxford.

Tatham, M. and K. Morton (2006) *Speech Production and Perception*, Palgrave MacMillan, London.

Wolvin, A., ed. (2010) *Listening and Human Communication in the 21st Century*, Wiley-Blackwell, Oxford.

Yavaş, M. (2006) *Applied English Phonology*, Blackwell, Oxford.

音声表出と言語病理学的アプローチ

Ball, M. and M. Duckworth, eds. (1996) *Advances in Clinical Phonetics*, John Benjamins, Amsterdam.

Ball, M. and F. Gibbon, eds. (2013) *Handbook of Vowels and Vowel Disorders*, Psychology Press, New York.

Ball, M. and N. Müller (2005) *Phonetics for Communication Disorders*, Lawrence Erlbaum, Mahwah.

Ball, M., N. Müller and B. Rutter (2010) *Phonology for Communication Disorders*, Psychology Press, New York.

Ball, M., M. Perkins, N. Müller and S. Howard, eds. (2008) *The Handbook of Clinical Linguistics*, Blackwell, Oxford.

Bauman-Waengler, J. (2012) *Articulatory and Phonological Impairments*, 4th ed., Pearson, Boston.

Bishop, D. and L. Leonard, eds. (2000) *Speech and Language Impairment in Children: Causes, Characteristics, Intervention and Outcome*, Psychology Press, New York.

Black, M. and S. Chiat (2003) *Linguistics for Clinicians*, Arnold, London.

Creagehead, N., P. Newman and W. Secord (1989) *Assessment and Remediation of Articulatory and Phonological Disorders*, 2nd ed., Merrill Publishing Company, Columbus.

Crystal, D. (1981) *Clinical Linguistics*, Edward Arnold, Baltimore.

Cummings, L. (2014) *The Communication Disorders Workbook*, Cambridge University Press, Cambridge.

Cummings, L., ed. (2014) *The Cambridge Handbook of Communication Disorders*, Cambridge University Press, Cambridge.

Curtis, W. (1987) *Clinical Management of Articulatory and Phonologic Disorders*, 2nd ed., Williams & Wilkins, Baltimore.

Damico, J., N. Müller and M. Ball, eds. (2010) *The Handbook of Language and Speech Disorders*, Wiley-Blackwell, West Sussex.

Davis, B. and K. Zajdo, eds. (2008) *The Syllable in Speech Production*, Lawrence Erlbaum, New York.

Fava, E., ed. (2002) *Clinical Linguistics: Theory and Applications in Speech Pathology and Therapy*, John Benjamins, Amsterdam.

Ferrand, C. (2007) *Speech Science: An Integrated Approach to Theory and Clinical Practice*, 2nd ed., Pearson, Boston.

Gick, B., I. Wilson and D. Derrick (2013) *Articulatory Phonetics*, Blackwell, Oxford.

Goldrick, M., V. Ferreira and M. Miozzo, eds. (2014) *The Oxford Handbook of Language Production*, Oxford University Press, Oxford.

Golper, L. (2010) *Medical Speech-Language Pathology*, 3rd ed., Cengage, Delmar.

Hambrecht, G. and T. Rice (2011) *Clinical Observation*, Jones & Bartlett, London.

Hartsuiker, R., R. Bastiaanse, A. Postma and F. Wijnen, eds. (2005) *Phonological Encoding and Monitoring in Normal and Pathological Speech*, Psychology Press, New York.

Hillis, A., ed. (20015) *The Handbook of Adult Language Disorders*, 2nd ed., Psychology Press, New York.

Johnson, A. and B. Jacobson (2007) *Medical Speech-Language Pa-

thology, Thieme, New York.

Keller, E. and M. Gopnik, eds. (1987) *Motor and Sensory Processes of Language*, Lawrence Erlbaum, Hillsdale.

Kent, R., ed. (1992) *Intelligibility in Speech Disorders*, John Benjamins, Amsterdam.

Kiritani, S., H. Hirose and H. Fujisaki, eds. (1997) *Speech Production and Language*, Mouton de Gruyter, Berlin.

Lancaster, G. (2008) *Developing Speech and Language Skills*, Routledge, London.

Lum, C. (2002) *Scientific Thinking in Speech and Language Therapy*, Psychology Press, New York.

Maassen, B., ed. (2010) *Speech Motor Control: New Developments in Basic and Applied Research*, Oxford University Press, Oxford.

Müller, N. and M. Ball, eds. (2013) *Research Methods in Clinical Linguistics and Phonetics*, Blackwell, Oxford.

Shriberg, L. and R. Kent (2013) *Clinical Phonetics*, 4th ed., Pearson, Boston.

Tesar, B. (2014) *Output-Driven Phonology: Theory and Learning*, Cambridge University Press, Cambridge.

Tobin, Y. (1997) *Phonology as Human Behavior: Theoretical Implications and Clinical Applications*, Duke University Press, Durham.

Weiss, C., M. Gordon and H. Lillywhite (1987) *Clinical Management of Articulatory and Phonologic Disorders*, Williams & Wilkins, Baltimore.

Wilcox, S. (1992) *The Phonetics of Fingerspelling*, John Benjamins, Amsterdam.

Williams, M. (2012) *Perspectives on Diseases and Disorders: Speech Disorders*, Gale, Detroit.

Ziegler, W. and K. Deger, eds. (1998) *Clinical Phonetics and Linguistics*, Whurr Publishers, London.

視覚と認識

Albertazzi, L., G. van Tonder and D. Vishwanath, eds. (2010) *Perception beyond Inference: The Information Content of Visual Processes*, MIT Press, Cambridge, MA.

Baars, B. and N. Gage (2013) *Fundamentals of Cognitive Neuroscience*, Elsevier, Waltham.

Bermudez, J. (2014) *Cognitive Science*, 2nd ed., Cambridge University Press, Cambridge.

Daw, N. (2012) *How Vision Works: The Physiological Mechanisms behind What We See*, Oxford University Press, Oxford.

Eysenck, M. and M. Keane (2010) *Cognitive Psychology*, 6th ed., Psychology Press, Hove.

Frisby, J. and J. Stone (2010) *Seeing: The Computational Approach to Biological Vision*, 2nd ed., MIT Press, Cambridge, MA.

Goodale, M. and D. Milner (2013) *Sight Unseen: An Exploration of Conscious and Unconscious Vision*, Oxford University Press, Oxford.

Hatfield, G. and S. Allred, eds. (2012) *Visual Experience: Sensation, Cognition, and Constancy*, Oxford University Press, Oxford.

Van der Helm, P. (2014) *Simplicity in Vision: A Multidisciplinary Account of Perceptual Organization*, Cambridge University Press, Cambridge.

Johnson, K. and M. Schiffrar, eds. (2013) *People Watching: Social, Perceptual, and Neurophysiological Studies of Body Perception*, Oxford University Press, Oxford.

Lauwereyns, J. (2012) *Brain and the Gaze: On the Active Boundaries of Vision*, MIT Press, Cambridge, MA.

Marr, D. (2010) *Vision: A Computational Investigation into the Human Representation and Processing of Visual Information*,

MIT Press, Cambridge, MA.

Purves, D. and B. Lotto (2011) *Why We See What We Do Redux: A Wholly Empirical Theory of Vision*, Sinauer Associates, Sunderland.

Reed, S. (2010) *Thinking Visually*, Psychology Press, New York.

Reisberg, D., ed. (2013) *The Oxford Handbook of Cognitive Psychology*, Oxford University Press, Oxford.

Revlin, R. (2013) *Cognition: Theory and Practice*, Worth Publishers, New York.

Schulkin, J. (2012) *Action, Perception and the Brain*, Palgrave MacMillan, New York.

Siegel, S. (2010) *The Contents of Visual Experience*, Oxford University Press, Oxford.

Snowden, R., P. Thomson and T. Troscianko (2012) *Basic Vision: An Introduction to Visual Perception*, Oxford University Press, Oxford.

Stone, J. (2012) *Vision and Brain: How We Perceive the World*, MIT Press, Cambridge, MA.

Tsotsos, J. (2011) *A Computational Perspective on Visual Attention*, MIT Press, Cambridge, MA.

空間認知

Chilton, P. (2014) *Language, Space and Mind: The Conceptual Geometry of Linguistic Meaning*, Cambridge University Press Cambridge.

Davis, B. (2015) *Spatial Reasoning in the Early Years*, Routledge, New York.

Eilan, N., R. McCarthy and B. Brewer, eds. (1993) *Spatial Representation: Problems in Philosophy and Psychology*, Blackwell, Oxford.

Knauff, M. (2013) *Space to Reason: A Spatial Theory of Human Thought*, MIT Press, Cambridge, MA.

Landau, B. and J. Hoffman (2012) *Spatial Representation: From Gene to Mind*, Oxford University Press, Oxford.

Millar, S. (1994) *Understanding and Representing Space: Theory and Evidence from Studies with Blind and Sighted Children*, Clarendon Press, Oxford.

Millar, S. (2008) *Space and Sense*, Psychology Press, Hove.

Newcombe, M. and J. Huttenlocher (2000) *Making Space: The Development of Spatial Representation and Reasoning*, MIT Press, Cambridge, MA.

Rieser, J., ed. (2008) *Blindness and Brain Plasticity in Navigation and Object Perception*, Lawrence Erlbaum, New York.

Tenbrink, T., J. Wiener and C. Claramunt, eds. (2013) *Representing Space in Cognition: Interrelations of Behaviour, Language, and Formal Models*, Oxford University Press, Oxford.

多感覚処理（視覚と聴覚の関連性）

Bacci, F. and D. Melcher, eds. (2013) *Art and the Senses*, Oxford University Press, Oxford.

Bailly, G., P. Perrier and E. Vatikiotis-Bateson, eds. (2012) *Audiovisual Speech Processing*, Cambridge University Press, Cambridge.

Bremner, A., D. Lewkowicz and C. Spence, eds. (2012) *Multisensory Development*, Oxford University Press, Oxford.

Calvert, G., C. Spence and B. Stein, eds. (2004) *The Handbook of Multisensory Processes*, MIT Press, Cambridge, MA.

Goldstein, E., ed. (2005) *Blackwell Handbook of Sensation and Perception*, Blackwell, Oxford.

Hoffman, R., P. Hancock, M. Scerbo, R. Parasuraman and J. Szalma,

eds. (2015) *The Cambridge Handbook of Applied Perception Research*, Cambridge University Press, Cambridge.
Pagliano, P. (1999) *Multisensory Environments*, David Fulton, London.
Pagliano, P. (2001) *Using a Multisensory Environment*, David Fulton, London.
Pagliano, P. (2012) *The Multisensory Handbook*, Routledge, London.
Stein, B., ed. (2012) *The New Handbook of Multisensory Processes*, MIT Press, Cambridge, MA.

触覚と点字（視覚障害）

Aitkin, S., M. Buultjens, C. Clark, J. Eyre and L. Pease (2000) *Teaching Children who are Deafblind*, David Fulton, London.
Arter, C., H. Mason, S. McCall, M. McLinden and J. Stone (1999) *Children with Visual Impairment in Mainstream Settings*, David Fulton, London.
Ballesteros, S. and M. Heller, eds. (2004) *Touch, Blindness and Neuroscience*, Universidad Nacional De Educacion A Dostancia.
Barclay, L. (2012) *Learning to Listen/Listening to Learn: Teaching Listening Skills to Students with Visual Impairments*, AFB Press, New York.
Best, A. (1992) *Teaching Children with Visual Impairments*, Open University Press, Milton Keynes.
Bozic, N. and H. Murdoch, eds. (1996) *Learning through Interaction: Technology and Children with Multiple Disabilities*, David Fulton, London.
Cattaneo, Z. and T. Vecchi (2011) *Blind Vision: The Neuroscience of Visual Impairment*, MIT Press, Cambridge, MA.
Dunlea, A. (1989) *Vision and the Emergence of Meaning: Blind and*

Sighted Children's Early Language, Cambridge University Press, Cambridge.

Harley, R., M. Truan and L. Sanford (1997) *Communication Skills for Visually Impaired Learners*, Charles C. Thomas Publisher, Springfield.

Hatwell, Y., A. Streri and E. Gentaz, eds. (2003) *Touching for Knowing: Cognitive Psychology of Haptic Manual Perception*, John Benjamins, Amsterdam.

Heller, M., ed. (2000) *Touch, Representation, and Blindness*, Oxford University Press, Oxford.

Heller, M. and S. Ballesteros, eds. (2006) *Touch and Blindness: Psychology and Neuroscience*, Lawrence Erlbaum, Mahwah.

Heller, M. and E. Gentaz (2014) *Psychology of Touch and Blindness*, Psychology Press, Hove.

Hyvärinen, L. and N. Jacob (2011) *What and How does this Child See?: Assessment of Visual Functioning for Development and Learning*, VISTEST Ltd.

Kusajima, T. (1983) *Braille Reading and Letter Reading*, Shu-ei-syuppan, Tokyo.

Landau, B. and L. Gleitman (1985) *Language and Experience: Evidence from the Blind Child*, Harvard University Press, Cambridge, MA.

Lewis, V. and G. Collis, eds. (1997) *Blindness and Psychological Development in Young Children*, BPS Books, Leicester.

Mason, H. and S. McCall, eds. (1997) *Visual Impairment: Access to Education for Children and Young People*, David Fulton, London.

McLinden, M. and S. McCall (2002) *Learning through Touch: Supporting Children with Visual Impairment and Additional Difficulties*, David Fulton, London.

Millar, S. (1997) *Reading by Touch*, Routledge, London.

Mills, A. (1983) *Language Acquisition in the Blind Child: Normal and Deficient*, College-Hill Press, San Diego.

Perez-Pereira, M. and G. Conti-Ramsden (1999) *Language Development and Social Interaction in Blind Children*, Psychology Press, Hove.

Reed, M., ed. (2009) *Children and Language: Development, Impairment, and Training*, Nova Science Publishers, New York.

Tobin, M. (1994) *Assessing Visually Handicapped People: An Introduction to Test Procedures*, David Fulton, London.

Salisbury, R., ed. (2008) *Teaching Pupils with Visual Impairment*, Routledge, London.

Warren, D. (1984) *Blindness and Early Childhood Development*, 2nd ed., American Foundation for the Blind.

Warren, D. (1994) *Blindness and Children: An Individual Differences Approach*, Cambridge University Press, Cambridge.

Webster, A. and J. Roe (1998) *Children with Visual Impairments: Social Interaction, Language and Learning*, Routledge, London.

概念の定義と発達

Carey, S. (2009) *The Origin of Concepts*, Oxford University Press, Oxford.

Gardenfors, P. (2014) *Geometry of Meaning: Semantics Based on Conceptual Spaces*, MIT Press, Cambridge, MA.

Gauker, C. (2011) *Words and Images: An Essay on the Origin of Ideas*, Oxford University Press, Oxford.

Jackendoff, R. (2012) *A User's Guide to Thought and Meaning*, Oxford University Press, Oxford.

Landau, B., ed. (2013) *Understanding Cognitive Development: Ap-

proaches from Mind and Brain, Psychology Press, Oxon.

Lobner, S. (2013) *Understanding Semantics*, 2nd ed., Routledge, London.

Mareschal, D., P. Quinn and S. Lea, eds. (2010) *The Making of Human Concepts*, Oxford University Press, Oxford.

Margolis, E. and S. Laurence, eds. (1999) *Concepts: Core Readings*, MIT Press, Cambridge, MA.

Moss, H. and J. Hampton, eds. (2003) *Conceptual Representation*, Psychology Press, Hove.

Murphy, G. (2002) *The Big Book of Concepts*, MIT Press, Cambridge, MA.

Pylyshyn, Z. (2007) *Things and Places: How the Mind Connects with the World*, MIT Press, Cambridge, MA.

Rakison, D. and L. Oakes, eds. (2003) *Early Category and Concept Development*, Oxford University Press, Oxford.

Riemer, N. (2010) *Introducing Semantics*, Cambridge University Press, Cambridge.

Siegel, D. (2012) *The Developing Mind: How Relationships and the Brain Interact to Shape Who We Are*, 2nd ed., Guilford Press, New York.

英語の聞き取り・発音の習得と学習

Archibald, J. (1998) *Second Language Phonology*, John Benjamins, Amsterdam.

Bailey, K. and L. Savage, eds. (1994) *New Ways in Teaching Speaking*, TESOL, Alexandria.

Bohn, O. and M. Munro, eds. (2007) *Language Experience in Second Language Speech Learning: In Honor of James Emil Flege*, John Benjamins, Amsterdam.

Celce-Murcia, M., D. Brinton and J. Goodwin (1996) *Teaching Pronunciation*, Cambridge University Press, Cambridge.

Chun, D. (2002) *Discourse Intonation in L2: From Theory and Research to Practice*, John Benjamins, Amsterdam.

Cruttenden, A. (2008) *Gimson's Pronunciation of English*, 7th ed., Arnold, London.

Dalton, C. and B. Seidlhofer (1994) *Pronunciation*, Oxford University Press, Oxford.

Derwing, T. and M. Munro (2015) *Pronunciation Fundamentals: Evidence-based Perspectives for L2 Teaching and Research*, John Benjamins, Amsterdam.

Hannahs, S. and M. Young-Scholten, eds. (1997) *Focus on Phonological Acquisition*, John Benjamins, Amsterdam.

Hansen Edwards, J. and M. Zampini, eds. (2008) *Phonology and Second Language Acquisition*, John Benjamins, Amsterdam.

Hewings, M. (2004) *Pronunciation Practice Activities: A Resource Book for Teaching English Pronunciation*, Cambridge University Press, Cambridge.

Ioup, G. and S. Weinberger, eds. (1987) *Interlangauge Phonology: The Acquisition of a Second Language Sound System*, Newbury House, Cambridge.

James, A. (1988) *The Acquisition of a Second Language Phonology: A Linguistic Theory of Developing Sound Structures*, Gunter Narr Verlag, Tübingen.

James, A. and J. Leather, eds. (1987) *Sound Patterns in Second Language Acquisition*, Foris, Dordrecht.

James, A. and J. Leather, eds. (1997) *Second-Language Speech: Structure and Process*, Mouton de Gruyter, Berlin.

Kelly, G. (2000) *How to Teach Pronunciation*, Pearson Education, Harlow.

Laroy, C. (1995) *Pronunciation*, Oxford University Press, Oxford.

Leather, J., ed. (1999) *Phonological Issues in Language Learning*, Blackwell, London.

Major, R. (2001) *Foreign Accent: The Ontogeny and Phylogeny of Second Language Phonology*, Lawrence Erlbaum, Mahwah.

Major, M., ed. (1998) *Interlanguage Phonetics and Phonology*, Special Issue *Studies in Second Language Acquisition 20.*

Mourao, S. and M. Lourenco, eds. (2015) *Early Years Second Language Education*, Routledge, London.

Moyer, A. (2013) *Foreign Accent: The Phenomenon of Non-native Speech*, Cambridge University Press, New York.

Roach, P. (2001) *English Phonetics and Phonology*, Cambridge University Press, Cambridge.

Schiller, N. and A. Meyer, eds. (2003) *Phonetics and Phonology in Language Comprehension and Production*, Mouton de Gruyter, Berlin.

Strange, W., ed. (1995) *Speech Perception and Linguistic Experience: Issues in Cross-Language Research*, York Press, Baltimore.

Tohkura, Y., E. Vatikiotis-Bateson and Y. Sagisaka, eds. (1992) *Speech Perception, Production, and Linguistic Structure*, Ohmsha, Tokyo.

Underhill, A. (2005) *Sound Foundations*, Macmillan, Oxford.

Vihman, M. (2014) *Phonological Development: The First Two Years*, Wiley-Blackwell, Oxford.

Yavaş, M., ed. (1994) *First and Second Language Phonology*, Singular Publishing, San Diego.

綴りと発音

Afflerbach, P., ed. (2016) *Handbook of Individual Differences in Reading*, Routledge, New York.

Cartwright, K. (2015) *Executive Skills and Reading Comprehension*, Guilford Press, New York.

Detheridge, T. and M. Detheridge (2013) *Literacy through Symbols*, 2nd ed., Routledge, London.

Gillon, G. (2004) *Phonological Awareness: From Research to Practice*, Guilford Press, New York.

Godwin, D. and M. Perkins (2002) *Teaching Language and Literacy in the Early Years*, 2nd ed., David Fulton, London.

Hayes, L. and K. Flanigan (2014) *Developing Word Recognition*, Gilford Press, New York.

Horbin, S. (2013) *Does Spelling Matter?*, Oxford University Press, Oxford.

Kuhn, M. and L. Levy (2015) *Developing Fluent Reading: Teaching Fluency as a Foundational Skill*, Guilford Press, New York.

Mayer, C. and B. Trezek (2015) *Early Literacy Development in Deaf Children*, Oxford University Press, Oxford.

Lewis, M. and D. Wray (2000) *Literacy in the Secondary School*, David Fulton, London.

O'Kane, J. and J. Goldbart (1998) *Communication before Speech*, David Fulton, London.

Parris, S. and K. Headley, eds. (2015) *Comprehension Instruction*, 3rd ed., Guilford Press, New York.

Pollatsek, A. and R. Treiman, eds. (2015) *The Oxford Handbook of Reading*, Oxford University Press, Oxford.

Rowsell, J. and K. Pahl, eds. (2015) *The Routledge Handbook of Literacy Studies*, Routledge, London.

Silverman, R. and A. Hartranft (2015) *Developing Vocabulary and Oral Language in Young Children*, Guilford Press, New York.

Tarone, E., M. Bigelow and K. Hansen (2009) *Literacy and Second Language Oracy*, Oxford University Press, Oxford.

Treiman, R. and B. Kessler (2014) *How Children Learn to Write Words*, Oxford University Press, Oxford.

Upward, C. and G. Davidson (2011) *The History of English Spelling*, Wiley-Blackwell, Oxford.

外国語処理

Annual Review of Applied Linguistics 32 号（2012）に formulaic language の特集

Divjak, D. and S. Gries, eds. (2012) *Frequency Effects in Language Representation*, Mouton De Gruyter, Berlin.

Gries, S. and D. Divjak, eds. (2012) *Frequency Effects in Language Learning and Processing*, Mouton De Gruyter, Berlin.

Gulzow, I. and N. Gagarina, eds. (2007) *Frequency Effects in Language Acquisition: Defining the Limits of Frequency as an Explanatory Concept*, Mouton de Gruyter, Berlin.

Hulstijn, J. (2015) *Language Proficiency in Native and Non-native Speakers*, John Benjamins, Amsterdam.

Juffs, A. and G. Rodriguez (2015) *Second Language Sentence Processing*, Routledge, New York.

Kemmerer, D. (2015) *Cognitive Neuroscience of Language*, Psychology Press, Hove.

Leow, R. (2015) *Explicit Learning in the L2 Classroom*, Routledge, New York.

Marschark, M., G. Tang and H. Knoors, eds. (2014) *Bilingualism and Bilingual Deaf Education*, Oxford University Press, Oxford.

Pavlenko, A. (2014) *The Bilingual Mind: and What It Tells Us about Language and Thought*, Cambridge University Press, Cambridge.

Sedlmeier, P. and T. Betsch (2002) *ETC: Frequency Processing and Cognition*, Oxford University Press, Oxford.

- Sharwood Smith, M. and J. Truscott (2014) *The Multilingual Mind: A Modular Processing Perspective*, Cambridge University Press, Cambridge.
- Sinclair, J. (1987) *Looking Up: An Account of the COBUILD Project in Lexical Computing and the Development of the Collins COBUILD English Language Dictionary*, Collins ELT, London.
- Sinclair, J. (1991) *Corpus, Concordance, Collocation*, Oxford University Press, Oxford.
- Unkelbach, C. and R. Greifeneder, eds. (2013) *The Experience of Thinking: How the Fluency of Mental Processes Influences Cognition and Behaviour*, Psychology Press, London.
- Wood, D., ed. (2010) *Perspectives on Formulaic Language: Acquisition and Communication*, Continuum, London.
- Wood, D. (2012) *Formulaic Language and Second Language Speech Fluency: Background, Evidence and Classroom Applications*, Continuum, London.
- Wray, A. (2002) *Formulaic Language and the Lexicon*, Cambridge University Press, Cambridge.
- Wray, A. (2008) *Formulaic Language: Pushing the Boundaries*, Oxford University Press, Oxford.

あとがき

　社会の片隅で，触覚を頼りにひっそりと暮らす，視覚障害がある人々。手中の機械に熱中し，音もなく突進してくる晴眼者たちに，白杖もろとも突き飛ばされる。仮想空間内の画面上で，他者とのかかわりを声高に叫ぶ「やさしい社会」のどこに，品格は存在するのであろうか。

　本書の出発点は，視覚障害者の活躍の機会を広げるために，英語の聴解・発話技能の学習指導のあり方を，学問として考究することであった。英語教育現場の現状把握を目的として，全国の特別支援学校（視覚障害）に面談，質問紙調査を実施した。

　点字版の質問紙の作成と墨字訳に，京都大学点訳サークルの学生たちが，専門家を感心させるほどの完璧な点訳を，溢れる使命感から惜しみなく協力をしてくれた。彼らの力添えがなければ，成し得ることが困難な研究であった。

　「わずか6つの点が織りなす，限りない宇宙に神秘を感じ，あまりにも美しい，点字の規則体系に心を奪われました。一市民として，だれかの役に立ちたい」と，放課後，遅くまで黙々と点訳に勤しむ若者たち。

　人間の認知システムを解明する過程で，ある感覚運動器官や脳機能を欠損している人々と，真摯に向き合うことは研究者として

の良識である。精神を陶冶する人文学が衰退し，科学が万能化して実利至上主義にひた走る現在，学問からは魂が消え，人としての真理を見失いつつある。科学技術のバリアフリー化は，人間を，物質や物体ととらえる学術世界から産出されていくのであろうか。

　研究に携わる者は，そのたなごころになにを置くのか。

著　者

索　引

1. 日本語は五十音順に並べ，数字で始まるのは日本語読みした。
2. 数字はページ数字を示す。

［あ行］

相性　165, 171
新しさ　166
誤り　58, 61, 65, 68, 71, 74, 76, 77, 79, 119, 128, 137
アルファベット　138
暗記　40, 163, 171
暗唱　171
暗黙知　10, 104, 108, 109, 140, 169
言い誤り　37, 77
一方向性　89
一般発音　42, 140, 153, 176
遺伝子　10, 108, 159
意図的の学習　58
意味論　103
イメージ　84, 98, 101, 103
意欲　69, 71, 146, 154, 156, 163, 174
色感覚　86
イントネーション　175
韻律　14, 19, 21, 41, 57, 138, 150, 161

運動　51, 87, 92, 121
運動知覚　86
運用　40, 46, 161, 165, 170, 172, 181
英語教員養成　180
英語母語話者　37, 64, 89, 93, 137, 148
円滑　58, 167
遠心性神経　47
応用　96, 111, 180
応用研究　28
奥行き知覚　86
音　3, 21, 46, 72, 92, 98, 159
音韻規則　27, 39, 41, 66, 112, 160
音韻認識力　38, 160, 161
音韻ループ　149, 158
音韻論　27
音階　8, 12, 15, 22
音楽心理学　15
音楽性　13
音楽療法　10
音響音声学　27
音響学　22, 44, 88, 99, 155

音響特性　14, 19, 72, 118, 158
音響分析ソフト　76
音源　36, 97, 153
音質　151
音質低下　152
音色　6, 22, 25, 61, 152
音声学　27, 36, 53, 64, 77, 93, 117, 153, 168, 176, 178, 180
音声学習　42
音声認識　23
音声連続　33, 40, 139, 164, 175
音節　19, 38, 41, 51, 77, 117, 132, 137, 148, 160, 175
音素　22, 30, 39, 53, 61, 67, 135, 147, 152, 160, 175
音調　17
音添加現象　137, 148
音読　156, 161, 179
音波　6, 30, 149
音脈　99

[か行]

外国語学習環境　66, 76, 120, 153, 161, 178
外国人訛り　63, 93, 135, 176
解読　27, 37, 77, 90, 145, 156, 162, 180
概念　84, 101
概念構造　113
外部モニター　78
蝸牛殻　4, 28
蝸牛有毛細胞　7

楽音　8, 17
学習　10, 24, 43, 45, 59, 61, 92, 108, 129, 160, 166, 171
化石化　69, 140, 174, 178
カタカナ　137, 148
可聴域　46
可聴音　46
学校教育課程　174, 179
カテゴリー知覚　31, 45, 135, 159
仮名　137, 138
可能性の頻度　165
カリキュラム　74, 171
加齢　4, 40, 47, 96
感覚運動アプローチ　121
感覚感性情報　12, 18, 24
感覚記憶　7
感覚器官　84, 88, 99, 108
感覚表象　102, 109
冠詞　161, 171
監視　55, 57, 78, 167
干渉　40, 61, 120, 128, 135, 137, 148
感情　14, 22, 150
記憶　11, 36, 87, 98, 108, 163, 165, 166, 176
気付き　35, 150, 170
基底膜　4
技能　147, 150
基本周波数　8, 34, 52
共感覚　98
共起　171
強勢　42, 175
強制選択法　63

協和音　17
距離　37
キング牧師　14
空間　29, 84, 88, 89, 98
空間認知システム　100, 103
空間表象　103, 113
空気伝導　174
具体的操作期　94, 176
唇を読む　90
屈折要素　161
クラスター　164
経験　10, 46, 58, 101, 108, 167
形式知　108-110, 169
形状認識　138
言語学応用論　181
言語学的アプローチ　120
言語習得装置　108
言語処理　27, 45, 55, 90, 93, 112, 150, 164, 179
言語知識　60, 112, 161, 165, 169
言語病理学　75, 119, 159
顕在記憶　108
原子論　107, 108
言説　55, 60
語彙　40, 102, 104, 106, 160, 169, 172
語彙中心の指導法　172
構音障害　56, 59, 119, 122
高校生　140, 156
高等学校　179
口頭訓練　74
声　29, 30, 51, 95, 147, 153, 156, 168, 174, 177

コーパス　171, 172, 175
呼気　158
呼吸器　52
呼吸法　41, 138, 179
国際化　144
国際語　64
個人差　32, 72, 121
個性　173
骨伝導　174
古典理論　106
語尾変化　161
鼓膜　5, 7, 174
コミュニケーション　67, 94, 95, 101, 140, 150, 157, 173, 178, 180
語用論　181
コンピューター　76, 96, 121

[さ行]

最小対立　120
最適化　45, 47, 55, 163, 175
サイン波　8
作業記憶　149, 158, 165
先読み　37, 77, 79
錯覚　47, 87, 88, 90, 91
子音　25, 63, 128, 136
子音連続　132, 137, 148
耳介　5, 98
視覚　2, 59, 85
視覚器官　85
自学自習　72, 74, 121, 153, 156
視覚障害　3, 43, 84, 92, 95, 98, 101, 137, 155

視覚野　85, 87, 99, 100
視覚理論　88, 91
時間　19
耳管　5, 98
識別　36, 43, 61, 66, 70, 129, 137, 139, 159
思考　12
思考発達　60
自己修正　78
思春期　74, 177
事象　5, 19
時制　171
舌　117, 122
自宅学習　77
失音楽症　20
失語症　20
しゃっくり　139
シャドーイング　162, 179
集中訓練　75
習得　10, 21, 25, 45, 56, 59, 61, 80, 91, 109, 129, 150, 158, 159, 166
柔軟性　24, 43, 60, 101, 140, 153, 179
周波数　4, 33, 54, 72, 96, 118, 140, 152
自由発話　163
熟語　164
熟達　74, 166
主題文　173
手話　91, 160
純音　8
小学生　94, 138, 140, 179
小学校　12, 72, 161, 179

上級　154, 162
初級　151, 152, 156, 162
色聴　98
助詞　161
触覚　3, 44, 95, 99
触覚器官　57
処理負担　81
自律学習　121, 179
進化　7, 47, 92, 101, 109
神経ネットワーク　18, 20, 47, 56, 78, 87, 147
新古典派理論　107
心的辞書　37, 92, 104, 112, 160
心的表象　102
心的文法　161
心的要素　107
心的理論　107
振動　4
人文科学　181
図　38
スピーカー　35, 37, 152
スペクトログラフ　33, 54, 118, 122
スペクトログラム　33, 54, 122
スロー再生　155
正確　57, 68, 129, 148, 165, 176
正弦波　8
生成　73, 145
声帯　34, 52, 174
声道　34, 52, 118, 128, 138
生得　9, 40, 84, 107, 108, 159
声紋　54
声門　128
接近音　131, 132

接触量　45, 60, 76, 110, 120, 161, 163, 166, 171, 178
絶対音感　12, 60
潜在記憶　10, 108, 140
潜在能力　179
全方向性　88
全盲　92, 137
旋律　7
相対音感　12
属性　6, 25, 61
速度　31, 42, 43, 97, 152, 154, 167

[た行]

大学生　140, 156
体知覚野　99
第二言語　59, 135, 144, 150, 180
第二言語環境　67
代入　165, 175
大脳右半球　11, 12, 22, 150
大脳左半球　11, 12, 22
多感覚処理　111
脱文脈化　40
脱落　132
だまし絵　91
探究　146
単語　37, 40, 137, 165, 169
単語帳　40, 172
地　38
チャンク　33, 163
チャンク処理　81, 165
注意　35, 44, 72, 87, 88, 91, 138, 147, 159, 170, 175

中学生　140, 156, 179
中学校　74, 161, 179
中級　151, 153, 154, 162, 172
チューニング　71, 153
調音　26, 29, 33, 41, 50, 66, 69, 90, 120, 137, 147, 169, 175, 179
長音　137, 156
調音位置　53, 128, 136
調音音声学　27
調音器官　30, 50, 52
調音様式　53, 128
聴解　145, 149
聴覚　2, 19, 59
聴覚音声学　27
聴覚器官　4, 28, 43, 67, 96, 140, 147, 151, 155, 159, 179
聴覚訓練　69
聴覚障害　84, 90, 91, 95, 118
聴覚入力アプローチ　119
聴覚能力　35
聴覚野　22, 33, 47, 56, 90, 149
長期記憶　27, 99, 103, 112, 165
超高周波音　46
調性　17
聴力　4, 35, 47, 58, 90, 96
直観　10, 60, 108, 171
つまずき　138
定義　103, 106
定型表現　164, 172
適切　50, 96, 165, 172
転移　40, 41, 61, 116, 120, 135, 137, 148, 177
典型　106

点字　100, 101
転写法　63
テンポ　15
同時調音　30, 42
同時通訳者　69
トーン　8, 175
読解　37, 154, 156, 161, 180
トップダウン　79

[な行]

内耳　5, 7, 24, 28, 47, 159, 174
内省　146
内部モニター　78
二重母音　137
日本語教育　144
日本人英語　62, 64, 116, 139
日本人英語学習者　57, 64, 116, 148
日本人訛り　42
乳児　9, 11, 21, 35, 38, 61, 91, 110, 159
入門期　138, 150, 152
認知科学　18, 111, 181
年齢　24, 46, 59, 74, 109, 147, 150, 160, 176
脳機能分化　20, 23, 79

[は行]

倍音　8
バイリンガル　139
破擦音　130
パタン　165

発音訓練　69
発声　51
発達　13, 45, 59, 108, 119, 129, 158
発表語彙　150
発話　70, 139, 175, 176, 179
早回し　154
破裂音　131
反響　44, 97, 152
反応時間　35
ピアジュ　60
ヒアリング　149
光感覚　86
非言語　95
必要十分条件　106
表象　84, 101, 102
敏感期　59
頻度　46, 76, 110, 147, 163, 166, 172
フィードバック　56
フォルマント　54, 118
不協和音　8, 17
複合音　8
復唱　10, 38
腹話術効果　88
符号化　77
プロトタイプ理論　106
分散練習　75
分節化　27, 41
文法　181
文法規則　165, 169
文法規則集　172
文法書　172

文法訳読法 180
文脈 27, 66, 157, 166
分類 102, 166
閉鎖音 131, 158
ヘルツ 4, 32, 46, 52, 97
ヘレン・ケラー 2
変種 43, 63, 69, 116
母音 25, 63, 116, 117, 135, 148, 152
母音同一化音声処理 40, 135
母語話者同様の表現選択 168
母語話者のような流暢さ 168
ボトムアップ 79
翻訳 104, 180

[ま行]

前もって調整を行う 55, 79
マガーク効果 90
摩擦音 130, 158
ミラーニューロン 92
民族音楽 9
無意図的知覚学習 58
無意図的表出学習 58
無声 128
無声音 131
命題 106
メタ言語 111
メロディ 7, 16, 22, 26
モーター理論 39
モーラ 41, 148
黙読 154, 161
モジュール性 91

モスキート音 156
モニター 55, 57, 68, 72, 74, 77, 161, 175
模倣 39, 80, 92, 138, 176

[や行]

有声 128
有声音 131
要素概念 106
容認度 65, 119
容認発音 42, 63, 140, 153, 176
用法 169, 175, 176
要約 151, 163, 173
読み上げ 73, 139, 145, 155, 156, 161, 176, 180
4技能 40, 171, 172

[ら行]

螺旋的展開 171
理解 145
理解可能性 62, 75, 76, 119, 148, 155, 178
理解容易性 62, 94, 165
リスニング 149
リズム 9, 17, 19, 22, 26, 42, 138
律動 9, 15
流暢 139, 145, 148, 165, 177
理論理論 107
臨界期 59, 109, 160
連語 164
老化 47

聾者　57
録音　68, 71, 74, 151, 168, 174

[わ行]

和音　8, 16
和声　8, 16

中森誉之（なかもり たかゆき）

横浜国立大学教育学部中学校教員養成課程英語科（学士），ロンドン大学 (UCL) 大学院音声学・言語学研究科（言語学修士），東京学芸大学大学院連合学校教育学研究科（教育学博士）。日本学術振興会特別研究員，横浜国立大学非常勤講師を経て，現在，京都大学大学院人間・環境学研究科准教授。

主な著書・論文：``Parameter Resettability'' (*Proceedings of the Second International Conference on Cognitive Science*, 1998), ``Teaching Relative Clauses: How to Handle a Bitter Lemon for Japanese Learners and English Teachers'' (*ELT Journal*, 2002, Oxford University Press), *Chunking and Instruction: The Place of Sounds, Lexis, and Grammar in English Language Teaching* (2009, ひつじ書房),「第7章 授業研究の変遷と今後の展望」(佐野正之編著『アクション・リサーチのすすめ』, 2000, 大修館書店),『学びのための英語学習理論──つまずきの克服と指導への提案』(2009, ひつじ書房),『学びのための英語指導理論──4技能の指導方法とカリキュラム設計の提案』(2010, ひつじ書房),『外国語はどこに記憶されるのか──学びのための言語学応用論』(2013, 開拓社), など。

外国語音声の認知メカニズム
── 聴覚・視覚・触覚からの信号 ── 〈開拓社 言語・文化選書59〉

2016年6月23日 第1版第1刷発行

著作者	中森 誉之
発行者	武村 哲司
印刷所	萩原印刷株式会社

発行所　株式会社　開拓社

〒113-0023　東京都文京区向丘1-5-2
電話　(03) 5842-8900（代表）
振替　00160-8-39587
http://www.kaitakusha.co.jp

© 2016 Takayuki Nakamori　　ISBN978-4-7589-2559-4　C1380

JCOPY 〈(社)出版者著作権管理機構 委託出版物〉

本書の無断複写は著作権法上での例外を除き禁じられています。複写される場合は，そのつど事前に，(社)出版者著作権管理機構（電話 03-3513-6969, FAX 03-3513-6979, e-mail: info@jcopy.or.jp）の許諾を得てください。